Hans-Günter Semsek

CITY|TRIP
LONDON

NICHT VERPASSEN!

8 NATIONAL GALLERY [K11]
In einer der größten Gemäldegalerien der Welt können die großen europäischen Meister des 14. bis 19. Jh. betrachtet werden (s. S. 48).

18 WESTMINSTER ABBEY [K12]
Die Krönungskirche der englischen Monarchen birgt Tausende von Grabdenkmälern und Erinnerungstafeln (s. S. 55).

19 CABINET WAR ROOMS UND CHURCHILL MUSEUM [K12]
Hier gibt es mit der bombensicheren, unterirdischen Befehlszentrale von Winston Churchill im Zweiten Weltkrieg ein Stück neuere britische Geschichte zu sehen (s. S. 58).

22 BUCKINGHAM PALACE [J12]
Der Wohnsitz der Queen ist wohl einer der bekanntesten Orte der Stadt. Jeden Tag findet hier „The Changing of the Guard", die Wachablösung, statt (s. S. 59).

23 BRITISH MUSEUM [K10]
In diesem bedeutenden Schatzhaus kann man nicht nur Exponate aus aller Welt bestaunen, sondern auch herausragende Architektur (s. S. 61).

24 TOWER OF LONDON [P11]
Die royalen Kronjuwelen sind sicher die kostbarsten Schätze, die hier aufbewahrt werden, natürlich gibt es aber noch viel mehr zu sehen (s. S. 62).

26 TOWER BRIDGE [P11]
Von den oberen Verbindungsstegen der Tower Bridge hat man einen prachtvollen Blick über die Themse und die Skyline der Metropole (s. S. 64).

28 HMS BELFAST [O11]
Auf dem Kreuzer, der während des Zweiten Weltkriegs im Einsatz war, kann man alle Decks erkunden (s. S. 65).

34 GLOBE THEATRE [N11]
Das originalgetreu wieder aufgebaute Theater kann besichtigt werden und bietet Theateraufführungen wie zu Shakespeares Zeiten (s. S. 68).

35 TATE MODERN [N11]
Die in dem ehemaligen Kraftwerk Bankside Power Station untergebrachte Tate Modern zeigt eine der größten Sammlungen zeitgenössischer Kunst (s. S. 70).

46 ST. PAUL'S CATHEDRAL [N11]
Die Kathedrale des Bischofs von London ist eine der bedeutendsten Sehenswürdigkeiten der Stadt (s. S. 73).

Leichte Orientierung mit dem cleveren Nummernsystem
Die Sehenswürdigkeiten der Stadt sind

IMPRESSUM

Hans-Günter Semsek
CityTrip London

erschienen im
REISE KNOW-How Verlag Peter Rump GmbH,
Osnabrücker Str. 79, 33649 Bielefeld

© Peter Rump 2009, 2010
3., neu bearbeitete und komplett aktualisierte Auflage 2011
Alle Rechte vorbehalten.

ISBN 978-3-8317-2098-9
PRINTED IN GERMANY

Herausgeber und Gestaltungskonzept:
 Klaus Werner
Lektorat: amundo media GmbH
Layout: Günter Pawlak (Umschlag),
 amundo media GmbH (Inhalt)
Fotos: siehe Bildnachweis S. 6
Karten: Ingenieurbüro B. Spachmüller,
 amundo media GmbH
Druck und Bindung:
 Fuldaer Verlagsanstalt GmbH & Co. KG

Dieses Buch ist erhältlich in jeder Buchhandlung Deutschlands, der Schweiz, Österreichs, Belgiens und der Niederlande. Bitte informieren Sie Ihren Buchhändler über folgende Bezugsadressen:
 Deutschland: Prolit GmbH, Postfach 9, D-35461 Fernwald (Annerod) sowie alle Barsortimente
 Schweiz: AVA-buch 2000, Postfach, CH-8910 Affoltern
 Österreich: Mohr Morawa Buchvertrieb GmbH, Sulzengasse 2, A-1230 Wien
 Niederlande, Belgien: Willems Adventure, www.willemsadventure.nl

Wer im Buchhandel trotzdem kein Glück hat, bekommt unsere Bücher auch über unseren Büchershop im Internet:
www.reise-know-how.de

Alle Informationen in diesem Buch sind vom Autor mit größter Sorgfalt gesammelt und vom Lektorat des Verlages gewissenhaft bearbeitet und überprüft worden. Da inhaltliche und sachliche Fehler nicht ausgeschlossen werden können, erklärt der Verlag, dass alle Angaben im Sinne der Produkthaftung ohne Garantie erfolgen und dass Verlag wie Autor keinerlei Verantwortung und Haftung für inhaltliche und sachliche Fehler übernehmen.
Die Nennung von Firmen und ihren Produkten und ihre Reihenfolge sind als Beispiel ohne Wertung gegenüber anderen anzusehen.
Qualitäts- und Quantitätsangaben sind rein subjektive Einschätzungen des Autors und dienen keinesfalls der Bewerbung von Firmen oder Produkten.

Wir freuen uns über Kritik, Kommentare und Verbesserungsvorschläge:
info@reise-know-how.de

www.reise-know-how.de
- Ergänzungen nach Redaktionsschluss
- kostenlose Zusatzinfos und Downloads
- das komplette Verlagsprogramm
- aktuelle Erscheinungstermine
- Newsletter abonnieren

Verlagsshop mit Sonderangeboten

INHALT

Nicht verpassen!	1
Benutzungshinweise	5
Der Autor	6

AUF INS VERGNÜGEN 7

London an einem Tag	8
London an einem Wochenende	9
Zur richtigen Zeit am richtigen Ort	11
London für Citybummler	14
London für Kauflustige	15
London für Genießer	19
London am Abend	28
London für Kunst- und Museumsfreunde	29
London zum Träumen und Entspannen	32

AM PULS DER STADT 33

Das Antlitz der Metropole	34
Von den Anfängen bis zur Gegenwart	35
Leben in der Stadt	40
London 2012 – die XXX. Olympischen Spiele	41

LONDON ENTDECKEN 43

Das Westend 44
① The Ritz Hotel ★ 44
② Burlington Arcade ★ 44
③ Royal Academy of Arts ★★ 45
④ Fortnum & Mason ★★ 45
⑤ Piccadilly Circus ★★★ 45
⑥ Soho ★ 46
⑦ Trafalgar Square ★★★ 47
⑧ National Gallery ★★★ und National Portrait Gallery ★★ 48
⑨ Leicester Square ★ 49
⑩ Covent Garden ★★★ 49
⑪ Royal Opera House ★★ 51
⑫ Madame Tussaud's ★ 51
⑬ Regent's Park und London Zoo ★★ 52

Westminster 52
⑭ Horse Guards ★ 52
⑮ Banqueting House ★★ 53
⑯ Downing Street ★ 53
⑰ Houses of Parliament ★★★ 53
⑱ Westminster Abbey ★★★ 55
⑲ Cabinet War Rooms und Churchill Museum ★★★ 58
⑳ Horse Guards Parade ★ 58
㉑ St. James's Park ★ 59
㉒ Buckingham Palace ★★★ 59

Bloomsbury 61
㉓ British Museum ★★★ 61

Rund um den Tower of London 62
㉔ Tower of London ★★★ 62
㉕ St. Katherine's Dock ★★ 64
㉖ Tower Bridge ★★★ 64
㉗ Butler's Wharf ★ 64
㉘ HMS Belfast ★★★ 65

Southwark und Bankside 66
㉙ George Inn ★ 66
㉚ Southwark Cathedral ★★★ 66
㉛ Golden Hinde ★ 67
㉜ Clink Prison ★ 67
㉝ Anchor Pub ★★ 68
㉞ Globe Theatre ★★★ 68

🔟 Tate Modern ★★★	70
🔟 London Eye ★★★	70
🔟 London Aquarium ★	70

Die City of London 71
🔟 The Monument ★★	71
🔟 Royal Exchange ★	71
🔟 Bank of England ★★	71
🔟 Leadenhall Market ★	72
🔟 Lloyd's of London ★	72
🔟 Swiss Re ★	72
🔟 Guildhall ★★	73
🔟 Museum of London ★★★	73
🔟 St. Paul's Cathedral ★★★	73

Fleet Street und St. James 77
🔟 St. Bride's Church ★	77
🔟 Dr. Johnson's House ★	77
🔟 Prince Henry's Room ★	77
🔟 Temple Bar ★	77
🔟 Twinings Tea Museum ★	78
🔟 Somerset House ★	78
🔟 St. James's Palace ★	78
🔟 St. James's Square und London Library ★	79

Hyde Park, Kensington und Knightsbridge 79
🔟 Hyde Park ★★	79
🔟 Kensington Palace ★★	80
🔟 Albert Memorial ★	80
🔟 Royal Albert Hall ★★★	81
🔟 Science Museum ★★★	81
🔟 Natural History Museum und Geological Museum ★★★	81
🔟 Victoria and Albert Museum ★★★	82
🔟 Harrods ★★★	82
🔟 Portobello Road Market ★	82

Chelsea und Belgravia 83
🔟 King's Road ★	83
🔟 Michelin House ★★	83
🔟 Chelsea Old Church ★	83
🔟 Carlyle's House ★★★	83
🔟 Royal Hospital ★★★	84
🔟 Tate Britain ★★★	84

Das Eastend 84
🔟 Petticoat Lane Market ★★★	84
🔟 Whitechapel Art Gallery ★★★	85

Durch die Docklands nach Greenwich 85
🔟 Museum in Docklands ★★★	85
🔟 Canary Wharf Tower ★	85
🔟 Cutty Sark ★★	88
🔟 Royal Naval College ★★	89
🔟 National Maritime Museum ★★★	89
🔟 Royal Observatory ★★★	89

Ausflüge in die stadtnahe Umgebung 89
🔟 Little Venice ★	89
🔟 Kew Gardens ★★	90

PRAKTISCHE REISETIPPS 91

An- und Rückreise	92
Autofahren	93
Barrierefreies Reisen	94
Diplomatische Vertretungen	95
Elektrizität	95
Geldfragen	95
Informationsquellen	96
Internetcafés	98
Maße und Gewichte	100
Medizinische Versorgung	100
Mit Kindern unterwegs	100
Notfälle	101
Öffnungszeiten	102
Post	102
Radfahren	102
Schwule und Lesben	103
Sicherheit	104
Sprache	104
Stadttouren, organisierte	105
Telefonieren	106
Uhrzeit	107
Unterkunft	107
Verhaltenstipps	110
Verkehrsmittel	111
Versicherungen	114
Wetter und Reisezeit	114

ANHANG 115

Kleine Sprachhilfe	116
Register	121
Cityatlas	124–139
London, Umgebung	139
Legende der Karteneinträge	140
Zeichenerklärung	143

EXKURSE ZWISCHENDURCH

Das gibt es nur in London	13
Literaten in Bloomsbury	62
William Shakespeare – Leben und Werk	69
Pubs entlang der Fleet Street	76
Jack the Ripper – Opfer, Fahndung und mögliche Täter	86
London preiswert	96
Meine Literaturtipps	99

BENUTZUNGSHINWEISE

CITYATLAS/CITY-FALTPLAN

Die im Buch beschriebenen Örtlichkeiten wie Sehenswürdigkeiten, Restaurants, Hotels, Cafés usw. sind im Cityatlas und City-Faltplan von London eingetragen.

ORIENTIERUNGSSYSTEM

Zur schnelleren Orientierung tragen alle Hauptsehenswürdigkeiten und Lokalitäten die gleiche Nummer sowohl im Text als auch in den Stadtplänen:

[K10] Die Angabe in eckigen Klammern verweist auf das Planquadrat im Cityatlas/City-Faltplan, in diesem Beispiel auf das Planquadrat K10.

㉓ Die Hauptsehenswürdigkeiten werden im Abschnitt „London entdecken" beschrieben und mit einer fortlaufenden magentafarbenen Nummer gekennzeichnet, die auch im Cityatlas/City-Faltplan eingetragen ist.

Stehen die Nummern im Fließtext, verweisen sie auf die jeweilige Beschreibung der Sehenswürdigkeit im Kapitel „London entdecken".

⊙126 Mit Symbol und fortlaufender Nummer werden die sonstigen Lokalitäten wie Cafés, Geschäfte, Hotels, Infostellen usw. gekennzeichnet.

BEWERTUNG DER SEHENSWÜRDIGKEITEN

★★★ auf keinen Fall verpassen
★★ besonders sehenswert
★ Sehenswürdigkeit für speziell interessierte Besucher

Örtlichkeiten mit fortlaufender Nummer, aber ohne Angabe des Planquadrats liegen außerhalb der im Buch abgebildeten Stadtpläne und Landkarten. Sie können aber leicht im Luftbild lokalisiert werden (siehe Umschlagklappe).

DER AUTOR

Hans-Günter Semsek studierte Soziologie und Philosophie, darunter auch ein Semster an der University of London, genauer der London School of Oriental and African Studies, war dann mehrere Jahre wissenschaftlicher Mitarbeiter an der Universität Bielefeld/Fakultät für Soziologie und arbeitete in dieser Zeit auch für zwei Jahre in Ägypten in einem sozialwissenschaftlichen Forschungsprojekt. Danach war er mehrere Jahre als Lektor in einem großen Kunst- und Reisebuchverlag tätig. Heute arbeitet er als freier Journalist und Buchautor in Köln.

London und die Britischen Inseln kennt Hans-Günter Semsek bereits seit 1970, als er beim legendären Pop- und Bluesfestival einer von 600.000 Besuchern war.

SCHREIBEN SIE UNS

Dieser CityTrip-Band ist gespickt mit Adressen, Preisen, Tipps und Infos. Nur vor Ort kann überprüft werden, was noch stimmt, was sich verändert hat, ob Preise gestiegen oder gefallen sind, ob ein Hotel, ein Restaurant immer noch empfehlenswert ist oder nicht mehr usw. Unsere Autoren sind zwar stetig unterwegs und erstellen alle zwei Jahre eine komplette Aktualisierung, aber auf die Mithilfe von Reisenden können sie nicht verzichten.

Darum: Schreiben Sie uns, was sich geändert hat, was besser sein könnte, was gestrichen bzw. ergänzt werden soll. Wenn sich die Infos direkt auf das Buch beziehen, würde die Seitenangabe uns die Arbeit sehr erleichtern. Gut verwertbare Informationen belohnt der Verlag mit einem Sprechführer Ihrer Wahl aus der über 220 Bände umfassenden Reihe „Kauderwelsch".

Bitte schreiben Sie an:
Reise Know-How Verlag Peter Rump GmbH, Postfach 140666, D-33626 Bielefeld, oder per E-Mail an: info@reise-know-how.de

Danke!

BILDNACHWEIS

Die Kürzel an den Abbildungen stehen für folgende Fotografen, Firmen und Einrichtungen. Wir bedanken uns für die freundliche Abdruckgenehmigung.

Umschlag, S. 103, 115
Fotolia.com
as	Astrid Schwieder
br	www.britainonview.com
hs	Hans-Günter Semsek
ss	Siri Schwieder
ts	Tim Schmelzer
ws	Wolfram Schwieder

Latest News
Unter **www.reise-know-how.de** werden regelmäßig aktuelle Ergänzungen und Änderungen der Autoren und Leser zum vorliegenden Buch bereitgestellt. Sie sind auf der Produktseite dieses CityTrip-Titels abrufbar.

AUF INS VERGNÜGEN

AUF INS VERGNÜGEN
London an einem Tag

London ist eine der aufregendsten Städte der Welt. Das wusste schon Benjamin Disraeli, Premierminister zur Zeit Königin Victorias, als er eines Tages ausrief: „London – a nation, not a city!" Und Dr. Samuel Johnson, der berühmte Gelehrte des 18. Jh., konstatierte lapidar: „Bist Du Londons müde, dann bist Du des Lebens müde, denn in London gibt es alles, was das Leben bieten kann."

Wer für seinen Aufenthalt in London nur einen Tag oder ein Wochenende zur Verfügung hat, kann bei der Größe von Englands Hauptstadt natürlich nicht alle Sehenswürdigkeiten besichtigen. Im Folgenden sollen daher einige Vorschläge gemacht werden, wie man seinen Besuch am besten strukturieren kann.

▲ *London ist nicht nur am Tag faszinierend*

◄ *Vorseite: Abkühlung auf dem Trafalgar Square* ❶

LONDON AN EINEM TAG

MORGENS

Mit der Tube, der Londoner U-Bahn, geht es bis zur Station Tower Hill, die fast unmittelbar am Eingang zum **Tower of London** ㉔ liegt. Die royalen Kronjuwelen sind sicher die kostbarsten Schätze, die hier aufbewahrt werden, doch es gibt noch viel mehr zu sehen. Neben dem Tower führt die **Tower Bridge** ㉖ über die Themse. Mit einem Fahrstuhl geht es hoch in einen der beiden Türme und von dort oben kann man die beiden Verbindungsstege begehen und hat einen fantastischen Ausblick über die Stadt und den Fluss.

MITTAGS

An die Tower Bridge schmiegt sich **Butler's Wharf** ㉗ an, ein ehemaliger Magazinspeicher des Londoner Hafens. Hier kann man gleich in mehreren Restaurants seinen Lunch einnehmen und den Blick auf die Tower Bridge und über den Fluss schweifen lassen.

Ein kleiner Spaziergang führt nun flussaufwärts, vorbei an dem schweren Kreuzer **HMS Belfast** ㉘ und der **Southwark Cathedral** ㉚ bis zum berühmten **Globe Theatre** ㉞. Das originalgetreu rekonstruierte Theater kann während einer geführten Tour besichtigt werden.

Nur einen Steinwurf entfernt ist in dem ehemaligen Kraftwerk Bankside Power Station die **Tate Modern** ㉟ untergebracht und zeigt eine der größten Sammlungen zeitgenössischer Kunst.

ABENDS

Kaum eine europäische Stadt hat eine derart reiche **Theaterlandschaft** wie London und die Stücke, die hier auf die Bühne kommen, gehören zum Besten, was man als Zuschauer geboten bekommen kann. Ein abendlicher Theaterbesuch sollte also auch bei nur einem Tag in der Metropole nicht fehlen.

LONDON AN EINEM WOCHENENDE

1. TAG

Morgens

Ausgangspunkt für eine Tour durch das Westend ist der **Piccadilly Circus** ➎. Über Coventry Street und Haymarket ist schnell der **Trafalgar Square** ➐ erreicht, einer der bedeutendsten innerstädtischen Prachtplätze der Stadt, an dessen Nordseite die **National Gallery** ➑ wie ein langer Riegel aufragt. Nicht weit entfernt liegt der **Leicester Square** ➒ und markiert das Zentrum des Theaterlandes im Westend.

Nach einem kurzen Spaziergang erreicht man **Covent Garden** ➓, ein herausragendes innerstädtisches Naherholungsareal, in dessen alten Markthallen Lokale und Geschäfte untergebracht sind. Drumherum sorgen Straßenmusiker, Gaukler, Akrobaten und Feuerschlucker für die richtige Atmosphäre.

Mittags

Für den Lunch wird man ohne Zweifel in **Covent Garden** den richtigen Platz finden. Zurück zum Trafalgar Square, von hier führt der Weg nun die Straße Whitehall entlang ins Regierungsviertel. Die **Horse Guards** ⓮ hier sind immer von fotografierenden Touristen umlagert. Gegenüber erhebt sich das **Banqueting House** ⓯, das mit Deckengemälden von Rubens geschmückt ist. Vorbei an der **Downing Street** ⓰ – Nr. 10 ist der Amtssitz des Premierministers – erreichen wir die **Houses of Parliament** ⓱ mit dem britischen Unter- und Oberhaus. **Westminster Abbey** ⓲, die Krönungskirche der englischen Monarchen, bietet Tausende von Grabdenkmälern und Tafeln, die an bekannte Briten erinnern. In den **Cabinet War Rooms** mit dem angeschlossenen **Churchill Museum** ⓳ kann man die unterirdische Befehlsanlage des britischen Kriegspremiers besichtigen und erfährt viel über Großbritanniens wohl fähigsten Politiker des 20. Jh.

Abends

Um den Tag ausklingen zu lassen, kann man z. B. in dem hervorragenden französischen Restaurant **Bibendum** (s. S. 22) in dem im Jugendstil errichteten **Michelin House** ⑥⑤ ein vorzügliches Abendessen genießen und anschließend vielleicht in Soho einen der vielen berühmten Pubs aufsuchen.

2. TAG

Morgens

Ein erster Besuch sollte auf jeden Fall dem **Tower of London** ㉔ gelten, von dem aus die Stadt und das Land jahrhundertelang regiert wurden. Hier sind auch die prächtigen Kronjuwelen zu besichtigen. Von den beiden Verbindungsgängen zwischen den Türmen der **Tower Bridge** ㉖ hat man danach einen prachtvollen Blick über die Stadt und den Fluss.

Mittags

In einem der Lokale an **Butler's Wharf** ㉗ kann man den mittäglichen Lunch einnehmen und spaziert dann vorbei an dem Kriegsschiff **HMS Belfast** ㉘ und der **Southwark Cathedral** ㉚ die Themse aufwärts zum **Globe Theatre** ㉞. Daneben ragt die **Tate Modern** ㉟ auf, die dem Besucher ihre Bestände zeitgenössischer Kunst eröffnet. Von hier führt die Millennium Bridge, eine Fußgängerbrücke, hinüber auf die andere Seite der Themse und schnurgerade auf die berühmte **St. Paul's Cathedral** ㊻ zu, von deren hohen Kuppel man weit über die Stadt blicken kann.

Abends

Einen Abend immerhin sollte man mit einem **Theaterbesuch** abschließen, denn was in London auf die Bühne kommt, gehört zum Besten, was die Theaterszene weltweit zu bieten hat. Im **Globe Theatre** ㉞ hat man dabei auch noch die Möglichkeit, sich zu fühlen, wie zu Shakespeares Zeiten.

3. TAG

Morgens

Vom unterirdischen Verkehrsknotenpunkt Bank oder von der Station Tower Gateway neben der U-Bahn-Station Tower verkehrt die Docklands Light Railway (DLR) hinein in die ehemaligen Docklands. Nahe der Haltestelle West India Quay befindet sich das **Museum in Docklands** ⑫, das Besucher mit der Geschichte und Erschließung des Londoner Hafengeländes vertraut macht. Ein kurzer Fußweg führt zum **Canary Wharf Tower** ⑬, dem höchsten Gebäude der Gegend. Hier findet man eine Reihe von Restaurants, in denen der mittägliche Lunch eingenommen werden kann.

Mittags

Vom Canaray Wharf Tower geht es weiter mit der DLR unter der Themse hindurch bis zur Station Maritime Greenwich. Hier liegt direkt an der Themse normalerweise der legendäre Teeklipper **Cutty Sark** ⑭ in einem Trockendock. Da das Schiff 2007 zu großen Teilen von einem Feuer zerstört wurde, wird es allerdings bis Anfang 2012 renoviert.

Nur einen Steinwurf entfernt liegt das **National Maritime Museum** ⑯ und informiert über die britische Seefahrernation und ihre maritimen Helden wie z. B. James Cook oder Admiral Horatio Nelson.

Im Greenwich Park liegt hoch oben auf einem Hügel das **Royal Observatory** ⑰, das von den Bemühungen zeugt, die Navigation auf See zu verbessern. Der Sternwarte ist auch ein Planetarium angegliedert.

Vom Greenwich Pier aus sollte man mit einem **Flussboot** die Themse aufwärts bis zum Westminster Pier fahren. Dabei erlebt man die Skyline der Metropole einmal von der Themse aus und lernt ganz neue städtebauliche Perspektiven kennen.

Abends

Eine **Restaurantbesuch** in Soho ❻ und eine anschließende Tour durch die **Pubs** (s. S. 24) des Viertels sind sicher ein Erlebnis.

> **EXTRATIPP**
>
> *Oxford and Cambridge Boat Race*
>
> Hundertausende säumen im März die Themse, wenn das traditionelle Bootsrennen der Achter zwischen Britanniens Eliteuniversitäten von der Putney Bridge nach Mortlake stattfindet (U-Bahn Putney Bridge).

ZUR RICHTIGEN ZEIT AM RICHTIGEN ORT

In einer Stadt wie London wird immer viel geboten. Einen kurzen Überblick über die „wichtigsten" Veranstaltungen soll die folgende Liste bieten. Die genauen Daten und weitere Details findet man im Internet unter www.visitlondon.com.

Natürlich kann man sich aber auch vor Ort an die Touristeninformation (s. S. 97) wenden, die auch einen Veranstaltungskalender für Besucher bereithält.

JANUAR

› **Chinese New Year Festival:** Die chinesischen Einwohner Londons feiern mit viel Feuerwerk rund um den Leicester Square, Trafalgar Square und die Gerrard Street in Soho (U-Bahn Leicester Square, Piccadilly).

MÄRZ

› **St. Patrick's Day Parade & Festival:** Der Festtag des irischen Nationalheiligen am 17. März wird mit einer großen Parade durch Londons Innenstadt und einer gigantischen öffentlichen Party begangen. Irish Music und gälische Tänze unterhalten alle Altersgruppen.

APRIL

› **London Marathon:** Der Marathon hat jedes Jahr über 35.000 Teilnehmer, beginnt im Greenwich Park und führt über die Isle of Dogs bis in die Innenstadt.

MAI

› **Chelsea Flower Show:** Auf dem Gelände des Royal Hospital in Chelsea veranstaltet die Royal Horticultural Society alljährlich eine große viertägige Garten- und Blumenschau, die traditionell von der Queen eingeweiht wird (U-Bahn Sloane Square).
› **Kew Summer Festival:** Jeden Sommer richtet Londons botanischer Garten eine viermonatige Eventreihe rund um den Park aus (U-Bahn Kew Gardens).

JUNI

› **Derby Day:** Pferderennen für die Royals, den Hochadel und die Reichen auf dem Downs Racecourse in Surrey (Eisenbahn nach Epson)
› **Jazz Plus:** Jeden Dienstag- und Donnerstagmittag im Juni und Juli gibt es in den Embankment Victoria Gardens (Villier Street) kostenlose öffentliche Freiluftkonzerte von Jazzbands (U-Bahn Embankment).
› **The Royal National Theatre's „Watch this Space Festival":** Rund um das National Theatre (s. S. 29) wird von Juni bis August

- ein äußerst lebendiges Fest mit Musik, Straßentheater und Kinovorführungen gefeiert (U-Bahn Waterloo).
- **Beating Retreat:** frühabendliches Trommelkonzert der königlichen Leibwachen Household Cavalry und Guard Division auf der Horse Guard Parade (U-Bahn Westminster)
- **Meltdown:** In den letzten zwei Wochen im Juni findet dieses enorm erfolgreiche zeitgenössische Kulturfestival rund um das South Bank Centre statt. Jedes Jahr steht dem Ereignis eine andere Persönlichkeit vor, zu den bisherigen Organisatoren zählten unter anderem Patti Smith, David Bowie und Morrissey (U-Bahn Waterloo).
- **Architecture Week:** Hier wird der zeitgenössischen Architektur mit Veranstaltungen, Ausstellungen, Diskussionen, geführten Touren und zu diesen Zeiten geöffneten Gebäuden gehuldigt.
- **Trooping the Colour:** Am 17. Juni feiert Königin Elisabeth II. traditionell ihren offiziellen Geburtstag ab 10.45 Uhr auf der Horse Guard Parade. Die Queen wurde eigentlich am 21. April geboren, doch im April ist das Wetter für eine öffentliche Feier meist zu schlecht (U-Bahn Westminster).
- **Pride London & Euro Pride:** Parade der Homosexuellen durch die Londoner Innenstadt am Ende eines zweiwöchigen Schwulen- und Lesbenfestivals.
- **Wimbledon Lawn & Tennis Festival:** Das berühmteste Tennisturnier der Welt findet alljährlich von Ende Juni bis Mitte Juli statt (U-Bahn Wimbledon).
- **City of London Festival:** traditionsreiches, von Ende Juni bis Mitte Juli dauerndes Festival mit klassischer Musik des London Symphony Orchestra, Jazz, Tanz, Ballett, Literatur, Theater und unterschiedlichen Straßenveranstaltungen (U-Bahn St. Paul's)
- **Henley Royal Regatta:** Hier treffen sich die Royals sowie der Hoch- und Geldadel Ende Juni bzw. Anfang Juli in Henley-on-Thames, um dem erstmals im Jahre 1839 ausgetragenen Bootsrennen beizuwohnen. Die Regatta ist allerdings eher sekundär, da sie eigentlich nur den Rahmen abgibt, um „zu sehen und gesehen zu werden" (Eisenbahn nach Henley).

JULI

- **Dance al Fresco:** Dieses Freilufttanzfestival findet an drei Wochenenden im Juli und August im Regent's Park statt. Das Eintrittsgeld wird für die Anpflanzung von Bäumen verwendet (U-Bahn Regent's Park).
- **Greenwich & Dockland International Festival:** Theater, Musicals und verschiedene Freiluftveranstaltungen im Osten von London (Docklands Light Railway nach Canary Wharf und Maritime Greenwich)

AUGUST

- **Great British Beer Festival:** Jedes Jahr veranstaltet die CAMRA (Campaign for Real Ale) an wechselnden Orten in London ein Bierfestival mit über 500 Real Ales und 250 ausländischen Gerstensäften – der Kater ist vorprogrammiert.
- **Notting Hill Carnival:** Der sehenswerte Karnevalsumzug der karibischen Einwohner Londons im Stadtteil Notting Hill ist angeblich Europas größte Straßenparty (U-Bahn Notting Hill Gate).

SEPTEMBER

- **Regent's Street Festival:** eintägiges Fest mit Theater und Musik auf der für den Verkehr geschlossenen Regent's Street (U-Bahn Piccadilly Circus)
- **Great River Race:** Weit über 200 traditionelle Boote, vom Wikingerschiff bis zur

DAS GIBT ES NUR IN LONDON

Die Engländer sind ja weltweit als skurrile Zeitgenossen und Exzentriker erster Güte bekannt. Zum Teil zu Recht, hält man doch - aller Modernisierung und Globalisierung zum Trotz - **jahrhundertealte Traditionen** *stramm aufrecht, ohne auch nur einen Deut daran zu verändern. Im* **Tower** ❷ *findet z. B. seit 1000 Jahren jeden Abend pünktlich um 21.53 Uhr vor dem Bloody Tower die traditionelle Schlüsselzeremonie statt. Wenn sich die Wachsoldaten mit dem Schlüssel nähern, ruft der Aufseher: „Halt! Wer da!" Antwort: „Die Schlüssel!" „Wessen Schlüssel?" „Königin Elisabeths Schlüssel!" Dann präsentieren die Posten das Gewehr, der Chief Yeoman Warder nimmt seine Kopfbedeckung ab und ruft: „Gott schütze Königin Elisabeth!" Der Chor der Wachtposten antwortet: „Amen!" Die Schlüssel werden nun in der Amtswohnung des Governors im Queen's House verwahrt. Auf schriftlichen Antrag beim Resident Governor im Tower erhält man einen Passierschein und kann der* **„Ceremony of the Keys"** *beiwohnen. Eintritt ist um 21.30 Uhr am Haupteingang, Tickets für die Zeremonie erhält man nach schriftlicher Anfrage mit einem internationalen Antwortschein bei folgender Adresse: The Resident Governor, HM Tower of London, London EC 3 N4AB.*

Verantwortung im Tower tragen nicht nur die Beefeater, sondern auch die **sechs Raben** *(zwei stehen für Notfälle in Reserve). Auf ihren - beschnittenen - Flügeln ruht der Fortbestand des britischen Empire, denn „fliegen" sie vom Tower fort, bricht Britanniens Weltreich zusammen (was, wie die Geschichte zeigt, längst geschehen ist). Doch es kommt noch skurriler: Jeder Vogel hat einen Namen, die Futterkosten weist der Armee-Etat aus. Stirbt einer der Raben, wird er zum Ehrenmitglied der Armee ernannt und sein Name in die Erinnerungstafel nahe dem Traitor's Gate eingraviert. (Warnschilder weisen darauf hin, dass man den Raben nicht zu nahe kommen sollte. Aufgrund ihrer beschnittenen Flügel sind die Vögel äußerst aggressiv, man sollte also Kinder davon abhalten, einen Vogel zu streicheln.)*

Neben solchen Skurrilitäten präsentiert sich London seit rund einem Jahrzehnt vor allem als Stadt, die eine recht **spektakuläre moderne Architektur** *aufzuweisen hat. Das Schweizer Architekten-Duo Herzog und de Meuron baute die unter Denkmalschutz stehende Bankside Power Station sensibel zur Tate Modern* ❸❺ *um und bekam auch den Auftrag für einen Erweiterungsbau, dessen futuristische Linienführung exzellent zum Ursprungsgebäude passt. Mit Sir Norman Foster wirkt in der Metropole zudem einer der besten international tätigen Baumeister, der u. a. auch in Deutschland mit der Umgestaltung des Reichstags von sich reden machte. Mit seiner Millennium Bridge, dem Bau der Bürogebäude der Londoner Stadtverwaltung und dem Ausbau des Innenhofes des British Museum* ❷❸ *sowie der Überkuppelung des Bahnhofs St. Pancras setzte er in Englands Hauptstadt bauliche Akzente. Sein bisher größtes Meisterstück in der City of London ist zweifellos der konkave Wolkenkratzer des Versicherungskonzerns Swiss Re* ❹❸*, der von der Bevölkerung sogleich zum neuen Wahrzeichen bestimmt wurde und seither den Spitznamen „The Gherkin" („die Gurke") trägt.*

chinesischen Dschunke, nehmen an der 35 km langen Regatta die Themse abwärts von Ham House in Richmond/Surrey bis Greenwich teil.
> **Mayor's Thames Festival:** Tanz, Musik, eine Laternenprozession auf dem Wasser und Feuerwerk an einem Wochenende im September zwischen Westminster und Blackfriars Bridge (U-Bahn Westminster)

OKTOBER

> **Punch and Judy Festival:** Kasperletheater auf der Covent Garden Piazza (U-Bahn Covent Garden)
> **London Film Festival:** Bekannte Schauspieler und Regisseure aus aller Welt präsentieren ihre Arbeiten im National Film Theatre (U-Bahn Waterloo).
> **Diwali:** viertägiges Fest der Londoner Hindu- und Sikh-Gemeinde auf dem Trafalgar Square

NOVEMBER

> **London to Brighton Veteran Car Run:** Oldtimerrennen von London nach Brighton, nirgendwo sieht man besser restaurierte alte Autos (U-Bahn Hyde Park Corner).

> **Bonfire Night:** Verbrennung von Guy-Fawkes-Puppen in Erinnerung an seinen Versuch, das Parlament in die Luft zu sprengen, u. a. im Battersea Park (U-Bahn Sloane Sqaure)
> **Lord Mayor's Show:** Der neugewählte Lord Mayor of London, der Bürgermeister der City, präsentiert sich nach den Regeln der Magna Charta der Königin. Um 11 Uhr verlässt der Mayor seinen Sitz, Mansion House, und zieht in einer Prozession zum Royal Court of Justice und wieder zurück (U-Bahn Bank).
> **State Opening of Parliament:** Die Queen zieht in ihrer Kutsche und begleitet von ihrer Leibwache, der Household Cavalry, vom Buckingham Palace zu den Houses of Parliament, wo sie zur Eröffnung der Sitzungsperiode eine Rede verliest, die allerdings vom Premierminister verfasst wurde (U-Bahn Westminster).

DEZEMBER

> **New Year's Eve Celebration:** Traditionell feiern am 31. Dezember um Mitternacht Tausende die Silvesternacht auf dem Trafalgar Square.

LONDON FÜR CITYBUMMLER

Selbst der Innenstadtbereich Londons ist riesig und es ist daher kaum möglich, ihn auf einem einzigen Rundgang vollständig zu erkunden. Um jedoch einen ersten Eindruck von der Atmosphäre und dem Flair der Metropole zu bekommen, bietet sich die folgende Route an.

An der U-Bahn-Station Green Park wendet man sich nach rechts und spaziert die Straße **Piccadilly** hoch. Hier passiert man gleich das Nobelhotel **Ritz** ❶, in dem man für den

---

FEIERTAGE

> **New Year's Day:** 1. Januar
> **Good Friday:** Karfreitag
> **Easter Monday:** Ostermontag
> **May Day:** Maifeiertag, erster Montag im Mai
> **Spring Bank Holiday:** letzter Montag im Mai
> **Summer Bank Holiday:** letzter Montag im August
> **Christmas Day:** 1. Weihnachtstag
> **Boxing Day:** 2. Weihnachtstag

AUF INS VERGNÜGEN
London für Kauflustige

Nachtmittagstee in den folgenden Tagen einen Tisch reservieren sollte. Auf der linken Straßenseite ragt die Neorenaissancefassade von **Burlington House** auf. Seit über 100 Jahren beherbergt das Gebäude die **Royal Academy of Arts** ❸. Gegenüber, auf der rechten Straßenseite, hat das traditionsreiche Kolonialwarengeschäft und Delikatessenkaufhaus **Fortnum & Mason** ❹ seinen Sitz. Die Straße Piccadilly öffnet sich nun auf den **Piccadilly Circus** ❺. Der immer verkehrsumtoste Platz wird Tag und Nacht von blinkender Neonreklame erhellt, fünf Straßen laufen sternförmig auf ihn zu und im Untergrund kreuzen sich zwei U-Bahn-Linien. Den berühmten Eros-Brunnen im Zentrum schuf 1893 Alfred Gilbert, zum Gedenken an den Wohltäter Ashley Cooper, den 7. Earl of Shaftesbury.

Vom Picadilly Circus führt die Coventry Street nach Nordosten und wenige Schritte weiter verläuft nach rechts die Straße Haymarket, die sich dann auf den weiten **Trafalgar Square** ❼ öffnet. Der Platz erinnert an Lord Nelsons Sieg über die vereinigte spanische und französische Flotte beim Kap Trafalgar. An der Ostseite ragt die Kirche St.-Martin's-in-the-Field auf. Die Nordseite des Platzes schließt der mächtige Riegel der **National Gallery** ❽ ab, von deren rechten Ende die Straße St. Martin's Place auf den **Leicester Square** ❾ zuläuft. Hier befindet man sich im Zentrum des Londoner Kino- und Theaterlandes. Vom Leicester Square erreicht man schließlich in wenigen Minuten **Covent Garden** ❿. In den einstigen Markthallen sind Cafés, Pubs und kleine Geschäfte untergebracht, überall spielen Musiker und vor der St. Paul's Church treten Gaukler, Feuerschlucker und Spaßmacher auf.

LONDON FÜR KAUFLUSTIGE

Londons wichtigste und bekannteste Einkaufsstraßen sind die **Oxford Street** mit der Seitenstraße **Bond Street** und die **Regent Street**. Hier reihen sich alle Geschäfte aneinander, die Rang und Namen haben. Aber auch abseits der beiden Prachtstraßen kann man vorzüglich einkaufen: so z. B. in der Straße **Knightsbridge** in Kensington und in der **King's Road** ⓬ in Chelsea.

Das Shoppingareal **Covent Garden** ❿ darf man auch nicht verpassen. Hier haben sich in den historischen Markthallen jede Menge Kunsthandwerksgeschäfte, Pubs und Cafés angesiedelt. Straßenkünstler bilden das Rahmenprogramm und drumherum befinden sich viele Geschäfte des gehobenen Einzelhandels, so etwa in der Straße Long Acre oder der Floral Street.

Vor allem bei der Jugend populär war schon immer die **Carnaby Street** in Soho ❻. Die Zeiten, in denen man hier ein Schnäppchen machen konnte, sind allerdings schon längst vorbei.

Auch der bekannte **Portobello Road Market** ⓭ zieht immer zahlreiche Besucher der Stadt an. Hier gibt es an den verschiedenen Ständen von Kleidung bis zu Lebensmitteln alles Mögliche und man kann stöbernd mehrere Stunden verbringen.

Bei einem Einkaufsbummel in der Weltmetropole London muss man aber daran denken, dass fast alle Artikel bis zu einem Drittel **teurer** sind als hierzulande. Man sollte also für einen Einkaufsbummel eventuell ein bisschen mehr „Taschengeld" einplanen.

BÜCHER

Großbritannien wird von einer einzigen, übermächtigen Buchhandelskette, **Waterstone's**, beherrscht, die landesweit alle Konkurrenten in die Pleite getrieben hat. London bietet immerhin noch einige Alternativen. Die folgenden Läden zählen zu den schönsten Buchhandlungen Europas. Unbedingt besuchen!

- 180 [I10] **Daunt Books**, 83 Marylebone High Street, U-Bahn Baker Street, Tel. 72242295, www.dauntbooks.co.uk, Mo.-Sa. 9-19.30, So. 11-18 Uhr
- 181 [I12] **G. Heywood Hill London**, 10 Curzon Street, U-Bahn Piccadilly oder Green Park, Tel. 76290647, www.heywoodhill.com
- 182 [H13] **John Sandoe**, 10 Blacklands Terrace, U-Bahn Sloane Square, Tel. 75899473, www.johnsandoe.com, Mo., Di., Do.-Sa. 9.30-17.30 Uhr, Mi. 9.30-19.30, So. 12-18 Uhr
- 183 [K11] **Stanford's**, 12-14 Long Acre, U-Bahn Covent Garden. Größter Landkartenladen der Welt, dazu Reiseführer, Wander-, Stadtführer und alles Weitere rund ums Reisen und Bergsteigen.

KAUFHÄUSER

- 1 [H12] **Harvey Nichols**, 109 Knightsbridge, U-Bahn Knightsbridge. Ein Kaufhaus voll mit exklusiver Mode für den eleganten Herrn und die anspruchsvolle Dame, alle großen Couturiers der Welt sind hier mit ihren Angeboten und neuesten Kreationen vertreten.
- 2 [I10] **John Lewis**, 278 Oxford Street, U-Bahn Oxford Circus. Eine Institution in London, seit eineinhalb Jahrhunderten kleidet John Lewis mit zurückhaltendem Chic und Understatement die britische Mittelklasse zu fairen Preisen ein.

AUF INS VERGNÜGEN
London für Kauflustige

- 🛍3 [J11] **Liberty,** 210 Regent Street, U-Bahn Piccadilly Circus. Stoffe aller Art, Möbel im Landhausstil und im modernen Design, Kosmetik- und Badartikel, Herrenmode, Damenschuhe, ein Kaufhaus zum Stöbern und voller Überraschungen.
- 🛍4 [I11] **Marks & Spencer,** 458 Oxford Street, U-Bahn Marble Arch. Alles, was man zum Leben braucht, von Haushaltswaren über Mode und Sportartikel bis zu Schuhen und vieles andere mehr.
- 🛍5 [I11] **Selfridges,** Oxford Street, U-Bahn Bond Street, Marble Arch oder Oxford Circus. Die größte Konkurrenz von Harrods mit annähernd dem gleichen umfangreichen Angebot.

KOSMETIK

- 🛍6 [L11] **Molton Brown,** 18 Russell Street, U-Bahn Covent Garden. Alles für die Schönheit bietet dieser Naturkosmetikladen, der auch edle Hotels beliefert.
- 🛍7 [J11] **Taylor of Old Bond Street,** 74 Jermyn Street, U-Bahn Green Park. Seit mehr als 150 Jahren im Kosmetikdienst am gepflegten Herrn, alles, was Haut, Haare und Bart für das elegante Aussehen benötigen (auch Rasierer und Pinsel).

MODE

- 🛍8 [J11] **Aquascutum,** 100 Regent Street, U-Bahn Piccadilly Circus. Klassische englische Regenmäntel, Schals und Hüte für den gediegenen Gentleman und die feine Lady.
- 🛍9 [M7] **Diverse,** 294 Upper Street, U-Bahn Angel. Einer der angesagtesten Läden bei jungen Erwachsenen, die hier „coole Streetwear" kaufen.

◀ *In Covent Garden* 🔟 *kann man z. B. Kunsthandwerk kaufen*

- 🛍10 [K11] **Dr. Martens Store,** 17–19 Neal Street, U-Bahn Covent Garden. In dieser Filiale des Schuhherstellers findet man eine gigantische Auswahl der „Doc Martens"-Kollektion.
- 🛍11 [K10] **Duffer of St. George,** 29 Shorts Garden, U-Bahn Covent Garden. Herrenhemden, handgefertigte Anzüge für den standesbewussten Geschäftsmann sowie auch Freizeitkleidung und alle notwendigen kleinen Accessoires, die man so braucht.
- 🛍12 [K11] **Koh Samui,** 65 Monmouth Street, U-Bahn Covent Garden. Eines der führenden Modegeschäfte der Metropole. Darüber hinaus sind auch noch alle wichtigen Accessoires wie beispielsweise Handtaschen im Angebot.
- 🛍13 [K11] **Maharishi,** 19a Floral Street, U-Bahn Charing Cross. Äußerst beliebter Laden mit trendiger Mode, die an Uniformen und Kampfanzüge erinnert und für die Helden im Asphaltdschungel genau das Richtige ist.
- 🛍14 [O9] **No-One,** 1 Kingsland Road, U-Bahn Liverpool Street. Elegante Mode von bekannten Designern für sie und ihn, dazu Schuhe und ein Café, in dem man sich vom Shopping stilvoll erholen kann.
- 🛍15 [K11] **Paul Smith,** 40 Floral Street, U-Bahn Covent Garden. Klassische britische Mode für den eleganten Herrn, Hemden und Anzüge, eine Damenabteilung kleidet die Ehefrau ebenfalls im gediegenen Chic.
- 🛍16 [P10] **Precious,** 16 Artillery Passage, U-Bahn Liverpool Street, Tel. 73776668, www.precious-london.com, Mo.–Fr. 11–18.30 Uhr, Sa. 11–17 Uhr. Diese hochinteressante Boutique wurde von Kate Evans gegründet, die vorher Chefeinkäuferin für Mode bei Harvey Nicholls und Harrods gewesen war. Der direkte Kontakt zu den großen Designern sorgt dafür, dass hier exzellente und ausgefallene Mode angeboten wird.

AUF INS VERGNÜGEN
London für Kauflustige

EXTRATIPP

Shoppen und Speisen

❹ [J11] **Fortnum & Mason.** Früher wurden hier die Waren aus den Kolonien unter dem Namen „Kolonialwaren" angeboten. Heute findet man zwar immer noch Delikatessen aus aller Welt, aber mittlerweile auch modische Accessoires. Lunch wird im St. James's Restaurant serviert, kleine Snacks gibt es im Fountain und im Patio zu vergleichsweise günstigen Preisen bei guter Qualität.

㊲ [H12] **Harrods.** Weltweit ein Synonym für das ultimative Kaufhaus. Es gibt nichts, was man bei Harrods nicht bekommen könnte, das kolossale Angebot reicht von Mode für Sie und Ihn, über Schmuck, Parfümerieartikel bis hin zu Spezialitäten und Delikatessen aus aller Welt. In den Lebensmittelhallen kann man an verschiedenen Bars Austern oder andere Köstlichkeiten genießen und dazu ein Gläschen Wein trinken.

MUSIK

20 [J10] **HMV,** 150 Oxford Street, U-Bahn Oxford Circus. Gigantische Auswahl an CDs inklusive Raritäten aus aller Welt von kleinen Labels.

21 [K10] **Zavvi** (früher „Virgin Megastore"), 14 Oxford Street, U-Bahn Tottenham Court Road. Die größte Konkurrenz zu HMV, ebenfalls mit einem nicht enden wollenden Angebot an Jazz, Rock, Pop und Klassik. Eine weitere Filiale im Zentrum befindet sich am Piccadilly Circus.

SECONDHANDLÄDEN

22 [P10] **Absolute Vintage,** 15 Hanbury Street, U-Bahn Liverpool Street Station. Riesiges Warenlager mit Damen- und Herrenmode aus zweiter Hand.

23 [K11] **Oxfam Originals,** 22 Earlham Street, U-Bahn Covent Garden. Oxfam ist eine international tätige Hilfsorganisation, die exklusivsten der gespendeten Kleidungsstücke kommen hier zum Verkauf.

SPIELZEUG

24 [J11] **Hamley's,** 188 Regent Street, U-Bahn Oxford Circus. Einer der größten und bekanntesten Spielzeugläden der Welt. Der Kosmos der Kinder erstreckt sich über vier Etagen, hier finden Jungen und Mädchen alles, was sie sich nur wünschen können.

17 [K11] **Ted Baker,** 9 Floral Street, U-Bahn Covent Garden. Stilsichere und geschmackvolle Marken- und Designermode zu gehobenen Preisen, dafür nichts von der Stange.

18 [J10] **Topshop & Topman,** 36 Great Castle Street, U-Bahn Oxford Circus. Trendbewusste Mode von jungen Designern zu relativ erschwinglichen Preisen.

19 [J11] **Vivienne Westwood,** 44 Condit Street, U-Bahn Bond Street oder Oxford Circus. Die Grande Dame der englischen Designer, die früher stilvoll Punks einkleidete, bringt noch immer Provokantes auf den Laufsteg.

▶ *Eines der Restaurants im Leadenhall Market* ㊶

LONDON FÜR GENIESSER

London ist eine Stadt, in der nicht nur alle Küchen dieser Welt angeboten werden, sondern diese auch noch mit einer großen Auswahl an Restaurants vertreten sind. Globaler kann man nirgendwo tafeln! Auch das führende Genießermagazin „Gourmet" befand bereits, dass London der weltweit beste Platz für Freunde des guten Essens sei.

ESSEN UND TRINKEN, RESTAURANTS UND PUBS

Wer in London zum abendlichen Dinner ein besseres **Restaurant** aufsuchen möchte, sollte daran denken, dass sich die Briten schick machen, wenn sie ausgehen. Erwartet wird bei Herren zumindest ein **Jackett** und auch eine **Krawatte** wird gern gesehen. Damen sollten ein **Kleid** oder **Kostüm** tragen.

Die **Öffnungszeiten** der Restaurants variieren zwar von Lokal zu Lokal, umfassen aber in der Regel die Zeiten Montag bis Freitag 12 bis 15 Uhr sowie 19 bis 24 Uhr, Samstag und Sonntag ist meist von 18 bis 24 Uhr geöffnet.

Das Verhalten in englischen **Pubs** – die fast alle **Mittagsgerichte**, eine große Palette an **bar meals** (Snacks) und oft abendliche **Livemusik** anbieten – unterscheidet sich grundlegend von dem in deutschen Kneipen. In den Tavernen und Inns wird man nicht am Tisch bedient, sondern man holt sich die Getränke und auch die *bar meals* an der Bar ab. Auch ordert man nicht einfach „Ein Bier", was als grobe Unhöflichkeit gilt, sondern gibt die Menge und die Sorte an: z. B. *half a pint of bitter* (ca. 0,25 l) oder *a pint of lager* (ca. 0,5 l), dann schließt man mit einem markigen *please*. Man zahlt sofort und gibt kein Trinkgeld.

Kindern unter 14 Jahren ist der Zutritt in Pubs nicht gestattet. Manche Pubs haben aber separate Familienräume und im Biergarten darf man mit den Kleinen natürlich sitzen.

Die **Kernöffnungszeit von Pubs** ist Montag bis Samstag zwischen 11 und 23 Uhr, viele Pubs haben zwischen 14.30/15 Uhr und 17/17.30 Uhr geschlossen. Sonntags ist meist von 12 bis 15 Uhr und 19 bis 22.30 Uhr geöffnet. Ende 2005 wurde die **Sperrstunde** aufgegeben, sodass Wirte jetzt auch nach 23 Uhr Alkohol ausschenken dürfen.

Achtung: In einigen zentralen Londoner Vierteln, in denen hauptsächlich gearbeitet wird (z. B. City, Docklands oder auch entlang der Fleet Street), sind Restaurants und Pubs am Wochenende oft geschlossen.

AUF INS VERGNÜGEN
London für Genießer

AUSGEWÄHLTE RESTAURANTS

Asiatisch

26 [J11] **Chowki** £, 2 Denman Street, Soho, Tel. 74391330, U-Bahn Piccadilly. Obwohl der indische Koch Kuldeep Singh noch drei weitere Londoner Restaurants betreibt, zeichnet sich gerade das Chowki dadurch aus, dass neben der normalen Karte zusätzlich jeden Monat drei wechselnde Gerichte der regionalen indischen Küchen im Angebot sind.

27 [H12] **Mr. Chow** ££, 151 Kinghtsbridge, Knightsbridge, Tel. 75897347, U-Bahn Knightsbridge. Alteingesessenes Lokal, das seit vielen Jahren seine Stammkunden hat und authentische chinesische Küche auf die Teller zaubert, ohne durch fernöstliches Dekor von den Speisen abzulenken.

28 [K11] **Royal Dragon** £, 30 Gerrard Street, Soho, Tel. 77340935, U-Bahn Piccadilly. Mitten in Sohos Chinatown kommen hier vernünftige, preiswerte chinesische Gerichte auf den Tisch, die sich sehen lassen können.

29 [A14] **Saigon Saigon** £-££, 313 King Street, U-Bahn Ravenscourt Park, Tel. 87486887, www.saigon-saigon.co.uk. Ein hochgelobtes Lokal mit authentisch vietnamesischer Küche. Das Angebot reicht von Fleischgerichten über Seafood bis zu vegetarischer Kost. Die Preise liegen zwischen 6 £ und 22 £.

30 [K13] **The Cinnamon Club** ££, Great Smith Street, The Old Westminster Library, Westminster, Tel. 72222555. Das elegante Restaurant befindet sich in einem renovierten ehemaligen Bibliotheksgebäude und serviert moderne indische Küche vom Feinsten. Hier tafeln viele Parlamentsabgeordnete von den nahen Houses of Parliament.

Britisch

31 [J11] **Wilton's** ££, 55 Jermyn Street, St. James, Tel. 776299955, U-Bahn Piccadilly. Exzellente britische Küche von altem Schrot und Korn mit einem Akzent auf Fisch und *Seafood*, eine Institution in London. Die Gentlemen und Ladies, die hier tafeln, sind schon seit Jahren Stammgäste und pflegen einen vertrauten, nichtsdestotrotz distinguierten Umgang mit den Kellnern.

32 [K11] **Rules** ££-£££, 35 Maiden Lane, Covent Garden, Tel. 78366466, U-Bahn Covent Garden. Das Rules ist Londons ältestes Restaurant (gegründet 1798), schon Charles Dickens war hier Stammgast. Die im Restaurant verwendeten Zutaten stammen größtenteils von den eigenen Ländereien und dem ökologisch arbeitenden Bauernhof des Restaurantbesitzers im Norden Englands, das Wildbret von der eigenen Jagd. Eine bessere klassisch-britische Küche mit einem Service wie zu Zeiten von Dickens findet man kaum noch.

33 [K11] **Porter's** £-££, 17 Henrietta Street, Covent Garden, Tel. 78365314, U-Bahn Covent Garden. Englischer geht es nicht mehr: Gerichte wie Roastbeef und Yorkshire Pudding (ein Eierkuchenteig zu Fleischgerichten, mit dem man die Soße aufnimmt), Steak and Kidney Pie (Fleischstücke im Blätterteig), Salmon and Prawn Fish Cakes, Aberdeen Angus Fillet Steak und alles zu erträglichen Preisen.

34 [J10] **Terra** £-££, 53 Cleveland Street, U-Bahn Goodge Street, Tel. 75807608, Mo.–Fr. 11–23 Uhr, Sa. 18–23 Uhr, Hauptgerichte zwischen 10 und 16 £.

PREISKATEGORIEN

£	bis 15 £
££	15 bis 25 £
£££	ab 25 £

(Preise für ein Hauptgericht ohne Getränke)

AUF INS VERGNÜGEN
London für Genießer

Weithin beliebtes Lokal, in dem klassische mediterrane Gerichte frisch zubereitet auf den Tisch kommen.

Fisch und Meeresfrüchte

○ **35** [J11] **Zilli Fish** £–££, 36–40 Brewer Street, Soho, Tel. 77348649, U-Bahn Piccadilly. Aldo Zilli, seit 30 Jahren einer der bekanntesten italienischen Köche der Metropole London, steht noch immer hinter dem Herd und leitet seine Küchen- und Servicebrigade in diesem Lokal mit dem Ambiente der 1970er- und 1980er-Jahre selbst. Leckere italienisch inspirierte Fischgerichte wie Thunfisch Carpaccio mit Parmigiano oder Risotto Frutti di Mare.

○ **36** [L11] **Loch Fyne Restaurant** £–££, 2–4 Catherine Street, Covent Garden, Tel. 72404999, U-Bahn Covent Garden. Gutes Seafood-Lokal einer schottischen Lokalkette mit Dependancen im ganzen Land, sehr gutes Preis-Leistungs-Verhältnis.

● **65** [G13] **Bibendum Oyster Bar im Michelin House** ££–£££, 81 Fulham Road, U-Bahn Sloane Square, Tel. 75815817. Fischrestaurant des legendären französischen Lokals Bibendum im wunderschönen Michelin-Jugendstilgebäude, durch den guten, vergleichsweise preiswerten Lunch (gemessen an den Dinner-Gerichten) mittags immer voller als am Abend. Keine Tischreservierung.

○ **37** [N11] **Fish!** £, Cathedral Street, Southwark, Tel. 74073803, U-Bahn London Station. Helles, luftiges Restaurant auf dem Gelände des Borough Market, direkt neben dem Kirchhof des Southwark Cathedral, frischer Fisch und *seafood*, sehr gut zubereitet, im Sommer können weitere 60 Gäste im Freien tafeln, gute Weine.

Französisch

○ **38** [G13] **Poissonnerie de l'Avenue** £–££, 82 Sloane Avenue, Chelsea, Tel.

> ## SMOKER'S GUIDE
>
> In sämtlichen öffentlichen Räumen, also in Pubs, Restaurants, Theatern, Bussen und U-Bahnen, Hotels, Ämtern etc., ist das Rauchen ausnahmslos verboten. In den Biergärten vor oder hinter den Pubs oder auf Terrassen darf geraucht werden.

75892457, U-Bahn Sloane Sqare. Der ehemalige Oberkellner des Ritz eröffnete dieses alteingesessene Restaurant 1964. Damals tafelten hier die Pop-Größen des Swinging London, das Ambiente ist ebenso zeitlos geblieben wie die sehr gute, klassisch ausgerichtete Küche.

◐ **39** [K11] **Mon Plaisir** ££, 19–21 Monmouth Street, Covent Garden, Tel. 78367243, U-Bahn Covent Garden. Laut eigener Aussage das älteste französische Restaurant in London. Hier wird zu erschwinglichen Preisen eine vernünftige, bodenständige französische Küche auf den Tisch gebracht.

◐ **40** [H11] **Le Gavroche** £££, 40 Upper Brook Street, Mayfair, Tel. 74080881, U-Bahn Marble Arch. Buchungen mindestens einen Monat im Voraus. Seit 1970 ist das Le Gavroche Londons führender Gourmettempel mit wahrlich exzellenter französischer Küche in einem stimmungsvollen Ambiente. Da ließen sich auch die Testesser vom Michelin nicht lange bitten und ehrten den Maître Michel Roux jr. mit zwei Sternen. Die Gerichte können teilweise extravagant sein (was keinesfalls gegen sie spricht), Klassisches gibt es aber auch. Michel Roux ist sich nicht zu schade, Bodenständiges zu servieren, wie etwa ein perfektes Steak vom Aberdeen-Angus-Rind mit einer glasierten Roquefort-Zwiebel-Tart oder aber ein Bresshuhn mit Trüffeln in Madeirasoße (für zwei Personen).

AUF INS VERGNÜGEN
London für Genießer

015 In Abb.: hs

41 [O11] **Auberge** ££, Mark Lane, 56 Mark Lane, U-Bahn Tower Hill, Tel. 74806789 www.auberge-restaurant.co.uk, . Mit Blick auf die Themse bietet diese Restaurant-Bar französisch inspirierte Gerichte.

65 [G13] **Bibendum im Michelin House** ££-£££, 81 Fulham Road, U-Bahn Sloane Square, Tel. 75815817. Seit vielen Jahren wird hier im wunderschönen Art-déco-Michelin-House wahrhaft exzellent gekocht. Beste französische und internationale Küche, umfangreiche Weinliste, darunter eine ganze Seite mit Hausweinen. Wer in London einmal in angenehmer Atmosphäre teuer essen gehen und sicher sein möchte, ein ausgewogenes Preis-Leistungs-Verhältnis zu bekommen, der sollte das Bibendum wählen.

42 [K11] **Café des Amis** ££, Hannover Place (off Long Acre), Covent Garden, Tel. 73793444, U-Bahn Covent Garden. Diese alteingesessene Brasserie liegt in einer engen Gasse hinter dem Opernhaus und bietet gute Fisch- und Fleischgerichte in hoher Qualität in einem angenehmen Ambiente.

▲ *Das schöne Michelin House* **65** *im Art-déco-Stil*

43 [H14] **Gordon Ramsey** £££, Royal Hospital Road, Chelsea, Tel. 73524441/3334, U-Bahn Sloane Square. So geschlossen, formelle Kleidung erforderlich. Buchungen mindestens einen Monat im Voraus. Gordon Ramsey betreibt ein Restaurant im Claridge Hotel in Mayfair und eins in Chelsea, in letzterem hat man die größeren Chancen, einen Tisch zu bekommen. Der Maître zählt seit zehn Jahren zu den Spitzenköchen der Metropole und hat sein Repertoire stetig erweitert, wie man z. B. an den Jakobsmuscheln mit Oktopus und Parmesan Velouté sehen kann.

Italienisch

44 [C15] **The River Café** £££, Thames Wharf, Rainville Road, Hammersmith, Tel. 73864200, U-Bahn Hammersmith. „Great simple cooking using fantastic ingredients", schrieb ein Kritiker. Diesem Urteil schloss sich auch der Testesser des Guide Michelin an und adelte das Lokal mit einem Stern. Für viele Londoner seit 1987 das beste italienische Restaurant der Metropole, direkt am Flussufer mit schönem Ausblick. Auch in Deutschland bekannt durch das eigene Kochbuch.

46 [H13] **San Lorenzo** £-££, 22 Beauchamps Place, Knightsbridge, Tel. 75841074, U-Bahn Knightsbridge. In dieser italienischen Institution wird seit 40 Jahren hervorragend gekocht und das Ambiente hat noch immer – wie ein Kritiker schrieb – das „Museum of Swinging London decor". Leckere Gerichte wie Taglierini mit Garnelen und Hummersoße lassen beim Essen Freude aufkommen.

47 [K11] **Quo Vadis** ££, 26–29 Dean Street, Soho, Tel. 74379585, U-Bahn Piccadilly oder Tottenham Court Road. Noch eine italienische Institution in London, die seit vielen Jahren gute und verlässliche Gerichte auf die Teller bringt, Ausgefallenes ist auch darunter

AUF INS VERGNÜGEN
London für Genießer

EXTRATIPP

Für den späten Hunger
Für Nachtschwärmer sehr empfehlenswert sind die beliebten Maroush-Restaurants, die auch zur späten Stunde vorzügliche libanesische Küche servieren. Zur Maroush-Kette gehört auch das Ranoush, das gutes libanesisches Fast Food für den Nachtschwärmer im Angebot hat.

- **51** [H11] **Maroush I** £, 21 Edgware Road, Tel. 77230773, U-Bahn Edgware Road, tgl. 12–2 Uhr
- **52** [H13] **Maroush II** £, 38 Beauchamp Place, Tel. 75815434, U-Bahn Knightsbridge, tgl. 12–5 Uhr
- **53** [H11] **Maroush IV** £, 68 Edgware Road, Tel. 72249339, U-Bahn Edgware Road, tgl. 12–1 Uhr
- **54** [E12] **Ranoush** £, 86 High Street Kensington, Tel. 79382234, U-Bahn South Kensington, tgl. 12– 2 Uhr

Etwas edler geht es im Cocoon zu, das japanische, chinesische und thailändische Spezialitäten verarbeitet und mit moderner europäischer Küche mischt.

- **55** [J11] **Coocon** ££, 65 Regent Street, Tel. 74947600, U-Bahn Piccadilly, Mo-Fr 12–1, Sa 17.30–3 Uhr

Speisen bei guter Aussicht
In den ehemaligen Magazinspeichern von Butler's Wharf, am südliche Flussufer, gibt es drei Restaurants in unterschiedlichen Preisklassen, bei denen man sommertags draußen und im Winter von innen einen guten Ausblick auf Tower Bridge, Tower, St. Katherine's Dock und Themse hat.

- **56** [P12] **La Pont de la Tour** ££, Butler's Wharf Building, 36 Shad Thames, Tel. 74308403, U-Bahn Tower Hill. Französische Küche in elegantem Ambiente.
- **57** [P12] **Cantina del Ponte** £, 30 Butler's Wharf, 36c Shad Thames, Eastend, Tel. 74035403, U-Bahn Tower Hill. Gute italienische Küche.
- **58** [P12] **Butlers Wharf Chop House** ££, Butler's Wharf Building, 36 Shad Thames, Tel. 74033403, U-Bahn Tower Hill. Gute englische Küche.

Etwas günstiger kann man im Ask gute Pizzen und Pasta essen.

- **59** [P12] **Ask** £, 34 Shad Thames, U-Bahn Tower Hill, Tel. 74034545

Dinner for One
Im bereits genannten **Ask** und in den Lokalen der Restaurantkette Café Rouge können Gäste auch allein in angenehmer Atmosphäre speisen.

- **60** [L11] **Café Rouge** £, 34 Wellington Street, Covent Garden, Tel. 78360998, U-Bahn Covent Garden
- **61** [K11] **Café Rouge** £, 15 Frith Street, Soho, Tel. 74374307
- **62** [O11] **Café Rouge** £, Hay's Galleria, 3 Tooley Street, Tel 73780097, U-Bahn London Bridge

Vegetarisch
Empfehlenswerte vegetarische Küche wird in folgenden Lokalen serviert:

- **63** [K11] **World Food Café** £, 14 Neal's Yard (erster Stock), Covent Garden, Tel. 73790298, U-Bahn Covent Garden. Wird von einem Reisebuchautor betrieben, der die vegetarische Küche aus Afrika, der Türkei, Thailand, Mexiko, Indien und dem Nahen Osten mitgebracht hat.
- **64** [K11] **Food for Thought** £, 31 Neal Street, Covent Garden, Tel. 78369072, U-Bahn Covent Garden. Populäres, vegetarisches Restaurant, das seinen Erfolg den niedrigen Preisen, den großen Portionen und der Qualität zu verdanken hat.
- **65** **Dadima** £, 228 Ealing Road, Wembley, Tel. 89021072, U-Bahn Alberton. Im Dadima („Großmutter" auf Gujarat) gibt es nur vegetarische Küche der Gujarat-Region.

wie Garnelen-Ravioli mit Pistazien oder gegrilltes Rindfleisch mit Weichkäse und Aprikose. Das Quo Vadis ist auch deshalb berühmt, weil Karl Marx während seiner Londoner Zeit in dem Haus gewohnt hat.

- 48 [J12] **Il Vicolo** £££, Crown Passage, off Pall Mall, gegenüber vom Haupteingang des St. James's Palace, Tel. 78393960, U-Bahn Piccadilly Circus. Der italienische Name bedeutet „Passage" und in einer solchen liegt das angenehme Lokal, zum Lunch immer voll mit den Angestellten aus der Umgebung, mehrfach lobende Artikel in Londoner Tageszeitungen.
- 49 [J11] **Italian Graffiti** ££, 163 Wardour Street, Soho, Tel. 74394668, U-Bahn Piccadilly oder Oxford Circus. Hier werden gute Pizzen im Holzofen und Pasta in einer offenen Küche zubereitet. Es gibt natürlich auch Salate. Große, sattmachende Portionen.
- 50 [J11] **Al Duca** ££, 4 Duke of York Street, St. James, Tel. 78393090, U-Bahn Piccadilly. Hier kommen klassische italienische Speisen auf den Teller, eine große Auswahl an guten und leckeren Menüs mit Antipasti, Pasta, Fisch, Fleisch und süßen Desserts in gemütlicher Atmosphäre.

AUSGEWÄHLTE PUBS

Soho

- 66 [K11] **French House**, 49 Dean Street, U-Bahn Tottenham Court Road. Während des Zweiten Weltkriegs war hier das Stammlokal der französischen Emigranten, zu denen auch Charles de Gaulle gehörte – die vielen Fotos an den Wänden erzählen davon. Als wieder Frieden war, becherten hier der irische Schriftsteller Brendan Behan, der Dichter Dylan Thomas und der Maler Francis Bacan.
- 67 [K11] **Crown & Two Chairmen**, 32 Dean Street, U-Bahn Tottenham Court Road. Der Name geht auf Königin Anne zurück (= Crown), die von zwei Sänftenträgern (= Two Chairmen) zu einem Maler getragen wurde, der gegenüber vom Pub sein Atelier hatte und ein Porträt der Monarchin anfertigen sollte.
- 68 [J11] **John Snow**, 39 Broadwick Street, U-Bahn Piccadilly Circus. Dr. John Snow vermutete den Erreger der Choleraepidemie von 1850 im Trinkwasser und nachdem in den Slums von Soho über 700 Personen an dieser Infektionskrankheit gestorben waren, legte er die Wasserpumpe still, die neben dem Pub aus dem Erdboden ragte: Die Seuche kam alsbald zum Erliegen.
- 69 [J11] **Nellie Dean**, 89 Dean Street, U-Bahn Tottenham Cuort Road. Es ist einer der kleinsten Pubs von Soho und schon bei wenigen Besuchern herrscht hier Gedränge.
- 70 [J11] **Sun & Thirteen Cantons**, 21 Great Pulteney Street, U-Bahn Piccadilly Circus. Schweizer Emigranten und Wollhändler, gute Kunden des Wirts, drängten diesen, dem Pub einen eidgenössischen Namen zu geben.

EXTRATIPP

Lunch im Pub

Gute Angebote an mittäglichen Lunch-Gerichten findet man u. a. im **Anchor Pub** 33, **Lamb and Flag** (s. S. 50), **French House** (s. S. 24) und **Churchill Arms** (s. S. 27), aber auch die Opera Tavern und das Argyll Arms sind empfehlenswert:

- 73 [L11] **Opera Tavern**, 23 Catherine Street, Covent Garden, Tel. 73799832, U-Bahn Covent Garden
- 74 [J10] **Argyll Arms**, 18 Argyll Street, Soho, Tel. 77346117, U-Bahn Oxford Circus

AUF INS VERGNÜGEN
London für Genießer

▲ *Kurze Pause vor einem von Londons unzähligen Pubs*

Covent Garden

71 [K11] **Bunker,** 41 Earlham Street, U-Bahn Covent Garden. Eine der letzten Kleinbrauereien von London, die hier vor Ort ihren Gerstensaft ausschenken.

72 [K11] **Punch & Judy,** 40 The Market, U-Bahn Covent Garden. Sehr gemütliche Kneipe in der einstigen Markthalle von Covent Garden. Von der oberen Etage hat man einen guten Blick auf die Straßenkünstler vor der St. Paul's Church.

Westminster

75 [K12] **Red Lion,** 48 Parliament Street, Whitehall SW 1. Traditioneller Abgeordneten-Pub mit sogenannter Division Bell: Die Klingel, die im Unterhaus die Parlamentarier zur Abstimmung in den Sitzungssaal ruft, ist bis in diesen Pub verlegt.

76 [K11] **Silver Cross,** 33 Whitehall, WLAN-Hotspot. Pub in einem Gebäude aus dem 13. Jh., seit 1674 eine Taverne. Der Pub besitzt noch eine Lizenz von Karl I. zum Betreiben eines Bordells. Traditionell ist dies die Schänke der Journalisten, die aus Whitehall berichten.

77 [K12] **Westminster Arms,** 9 Storey Gate. Traditioneller Abgeordneten-Pub, ebenfalls mit Division Bell und immer auch voll mit Journalisten, die aus den Houses of Parliament berichten. Im Keller gibt es die Big Ben Bar, im ersten Stock die Queen Anne Bar sowie eine Weinbar.

78 [K12] **St. Stephen's Tavern,** 10 Bridge Street, U-Bahn Westminster. Geschmackvoller Pub mit vielen Schnitzereien und hohen Räumen. Gut besucht von Parlamentariern und Lobbyisten, denn auch hier erklingt vor Abstimmungen die Division Bell.

Bloomsbury

79 [L9] **Lamb,** 94 Lamb's Conduit Street WC 1, U-Bahn Holborn oder Russell Square. Klassischer Pub für die Bewohner der Umgebung, eröffnet 1729 und heute wie im damaligen Stil hervorragend restauriert.

80 [K10] **Plough,** 27 Museum Street W 1, U-Bahn Tottenham Court Road. Viele

Erinnerungsstücke ehren die Schriftsteller, die in Bloomsbury gelebt haben. Treffpunkt von Verlegern, Lektoren und Schreibern, kleines Restaurant im ersten Stock.

Rund um den Tower
- 81 [P11] **Dickens Inn,** St. Katherine's Dock, U-Bahn Tower Hill. Alter Fachwerk-Pub mit mehreren Etagen, von den Frontgalerien kann man gut beobachten, was sich im Dock alles tut, im ersten Stock gibt es ein einfaches Restaurant. Das Gebäude datiert aus dem Jahr 1790 und wurde Ende der 1960er-Jahre an seinen heutigen Platz versetzt.

Southwark
- 82 [O11] **Horniman's,** Hay's Wharf, Tooley Street, U-Bahn London Bridge. Pub am Flussufer in der renovierten Hay's Wharf, in die Geschäfte und Restaurants eingezogen sind. Das Publikum besteht dementsprechend aus vielen Kaufwilligen und Touristen.
- 83 [N11] **Old Thameside Inn,** St. Mary Overrie Dock, neben dem Segler Golden Hinde, U-Bahn London Bridge. Ein gemütlicher Pub in einem restaurierten Magazingebäude. Von der Terrasse aus hat man einen schönen Blick auf die Themse und die gegenüberliegende Flussseite mit ihrer City-Skyline.

In der City
- 84 [O11] **Lamb Tavern,** 10 Grand Avenue, Leadenhall Market, U-Bahn Bank. Im wunderschönen viktorianischen Leadenhall Market gelegene Kneipe, die bei den Angestellten der City zur Lunch-Zeit und nach Feierabend äußerst beliebt ist. Der Pub datiert aus dem Jahre 1780 und wurde 1881 umgestaltet, während der 1986 vorgenommenen Renovierung wurden die reichen viktorianischen Elemente behutsam erneuert. Im ersten Stock war das Rauchen schon immer verboten (erster Pub in der City, der diese Regelung einführte). Die Kneipe wird in Charles Dickens' „Pickwick Papers" erwähnt.
- 85 [M10] **Bleeding Heart Tavern,** Corner of Bleeding Heart Yard, 10 Greville Street, U-Bahn Farringdon. Pub mit Restaurant aus dem Jahr 1746, kürzlich umfassend im Stil jener Tage restauriert, viel Glas, Ziegel und Holz, sehr gemütlich. Der Lunch hat einen guten Ruf.
- 86 [M10] **Ye Olde Mitre,** 1 Ely Court, off Ely Place, U-Bahn Chancery Lane. Eine der ältesten Kneipen Londons, der Pub wurde 1546 eröffnet, das Gebäude datiert aus dem 18. Jh. Bei einem *pint of bitter* fühlt man sich um Jahrhunderte zurückversetzt. Nicht leicht zu finden, der Pub liegt in einer schmalen Gasse zwischen Hatton Garden und Ely Place.

Entlang Fleet Street und Strand
- 87 [L11] **The George,** 213 Strand, U-Bahn Temple. Der atmosphärereiche Pub in einem betagten Fachwerkhaus ist einer der ältesten am Strand und wurde 1723 erstmals urkundlich erwähnt. Damals war die Taverne noch ein Kaffeehaus. Obwohl ein Zeichen über dem Eingang auf König Georg III. hinweist, hat die Kneipe ihren Namen nicht vom Herrscher, sondern vom ersten Besitzer bekommen. Im oberen Stock befindet sich ein Restaurant, das mittags immer voll mit Anwälten des Royal Court of Justice ist.
- 88 [M10] **Printer's Devil,** 99 Fetter Lane, U-Bahn Temple. War bis zum Weggang der Zeitungsverlage aus der Gegend ein beliebter Treffpunkt der Journalisten.
- 89 [L10] **Seven Stars,** 53 Carey Street, U-Bahn Temple. Taverne aus dem 17. Jh., eine der kleinsten Londons, immer voll mit Rechtsanwälten der nahe gelegenen Inns of Court. Dickens trank hier, Karikaturen seiner Romancharaktere finden sich an einem Ende der Bar.

AUF INS VERGNÜGEN 27
London für Genießer

Der Pub liegt im Rücken des Royal Court of Justice. Im Jahre 2002 feierte der Pub sein 400-jähriges Bestehen mit einer großen Straßenparty. Die Kneipe, die 1602 erbaut wurde, ist eine der wenigen, die den großen Brand von 1666 heil überstanden.

St. James
◯90 [J12] **Red Lion,** Crown Passage, off Pall Mall, U-Bahn Piccadilly Circus. Die Passage liegt rechter Hand am Ende von Pall Mall, schräg gegenüber vom Haupteingang des St. James's Palace, nach eigenem Bekunden „London's last Village Inn" sowie „London's oldest beer license".

Kensington
◯91 [H13] **Admiral Codrington,** 17 Mossop Street, U-Bahn South Kensington. Freundliche Mischung aus Weinbar und Pub, die Damen trinken nach ihren Einkäufen hier gerne ein Glas Wein, die Pub-Atmosphäre ist ausreichend dicht, dass auch die Männer hier ihr *pint* bestellen.

◯92 [E12] **Churchill Arms,** 119 Kensington Church Street, U-Bahn Notting Hill Gate. Tapeziert mit Fotos und Bildern von Churchill sowie den Konterfeis vieler amerikanischer Präsidenten. In den hinteren Räumen kann die Schmetterlingssammlung des Wirtes besichtigt werden.

Chelsea
◯93 [G15] **Cross Keys,** 1 Lawrence Street, um die Ecke vom Cheyne Walk, U-Bahn Sloane Square. Von jeher ein bei den Bewohnern dieser berühmten Straße äußerst beliebter Pub.

Eastend
◯94 [P9] **Royal Oak,** 73 Columbia Road, U-Bahn Bethnal Green. Besonders viel Betrieb herrscht in der kleinen Kneipe am Sonntagmorgen, wenn der Columbia Road Flower Market Händler, Touristen und Käufer anzieht. Im ersten Stock gibt es die Crazy Maracas Tex-Mex-Café-Bar mit mexikanischen Cocktails, Bieren und Snacks.

Greenwich
◯95 [V14] **The Spanish Galleon Tavern,** 48 Greenwich Church Street/Ecke College Approach, DLR Maritime Greenwich. Gemütliche alte Kneipe aus dem Jahr 1787, nur einen Steinwurf entfernt von der Cutty Sark.

◯96 [W14] **The Trafalgar Tavern,** 6 Park Row, DLR Maritime Greenwich. Nahe dem Flussufer neben dem Royal Naval College. Mit einer Ausstellung alter Navigationsinstrumente und vielen Bildern von Lord Nelson. Die obere Bar ist im Stil einer alten Schiffskajüte eingerichtet.

▲ *In einem alten Fachwerkhaus beherbergt: der Pub The George*

LONDON AM ABEND

Abend- und Nachtschwärmern wird in London bestimmt nicht langweilig werden, denn hier ist auch abends immer etwas los. Nach dem Dinner macht man sich auf, um die erleuchtete Stadt zu erkunden, ins Theater oder Kabarett zu gehen, sich im Kino einen Film anzuschauen oder sich in einem der zahllosen Pubs sein Ale zu genehmigen. Und wer Lust hat, geht hinterher noch in die Disco.

KLUBS UND DISCOS

- 97 [K11] **Bar Rumba,** 36 Shaftesbury Avenue, www.barrumba.co.uk, U-Bahn Piccadilly, täglich geöffnet. Seit vielen Jahren einer der beliebtesten Klubs im Westend und DJ Marky's gehört zu den Szenegrößen.
- 98 [K7] **EGG,** 200 York Way, U-Bahn King's Cross, geöffnet Fr–So, sonst unregelmäßig, www.egglondon.net. Großer Klub, der sich über drei Etagen verteilt, im mediterranen Stil eingerichtet ist und über eine riesige Terrasse inklusive Pool verfügt. Die Örtlichkeiten sind zwar riesig, aber bei den vielen Gästen kommt trotzdem Atmosphäre auf.
- 99 [M10] **Fabric,** 77a Charterhouse Street, www.fabriclondon.com, U-Bahn Farrington, geöffnet Fr–So. In drei Sälen geht hier die Post ab, ein großer Raum zum „Abrocken", ein mittlerer mit Lasershow und ein kleiner zum „jemanden Kennenlernen".
- 100 [J11] **Madame Jo Jo's,** 8 Brewer Street, www.madamejojos.com, U-Bahn Leicester Square oder Piccadilly, geöffnet Di–Sa. Neben Disconächten gibt es auch in regelmäßigen Abständen Kabarettshows zu sehen.
- 101 [K10] **Mean Fiddler,** 165 Charing Cross Road, www.meanfiddler.com, U-Bahn Tottenham Court Road, geöffnet Mi–Sa. Bekannter und beliebter Klub, der sich über zwei Etagen erstreckt und auch eine Bühne für Liveauftritte hat.
- 102 [N13] **Ministry of Sound,** 103 Gaunt Street, off Newington Causeway, U-Bahn Elephant & Castle, geöffnet Mi, Fr, Sa, http://club.ministryofsound.com/club/. Dieser Klub dürfte weltweit einer der bekanntesten sein und lässt seine DJs schon mal nach Ibiza einfliegen. Nach Expertenmeinung einer der wenigen englischen Klubs, die denen in New York ernsthaft Konkurrenz machen können. Das Ministry of Sound hat zudem eines der besten Klangsysteme Londons.

KABARETT UND COMEDY

- 103 [K11] **Amused Moose,** Moonlighting Nightclub, 17 Greek Street, Soho, Tel. 83411341, U-Bahn Leicester Square oder Tottenham Court Road, Show Sa 20.30 Uhr. Der Amused Moose („amüsierter Elch") besitzt seit vielen Jahren eine der besten Kabarettbühnen von London und engagiert sich auch in der Nachwuchsförderung.
- 104 [L11] **Chuckle Club in der Three Tuns Bar,** London School of Economics, Houghton Street, Tel. 74761672, U-Bahn Holborn, Show Sa 19.45 Uhr. Die Studenten der renommierten London School of Economics (LSE) betreiben seit über 20 Jahren diese beliebte Kabarett- und Comedybühne. Als der Soziologe Ralf Dahrendorf - in England geadelt zum Lord Dahrendorf of Clare Market - noch Direktor der LSE war, konnte man ihn häufig bei den abendlichen Kabarettaufführungen im Chuckle Club treffen.

THEATER

In den im Folgenden genannten Theatern laufen bereits über Jahre erfolgreiche Musicals wie „Les Miserables", „The Phantom of the Opera", „The

AUF INS VERGNÜGEN
London für Kunst- und Museumsfreunde

Lion King", "Mamma Mia" etc. Hier findet sich sicher für jeden etwas.

- **105** [K11] **Adelphi Theatre**, Strand, Tel. 0870 4030303, Kartenverkauf Mo-Fr 10-20 Uhr, U-Bahn Charing Cross
- **106** [L11] **National Theatre**, South Bank, Tel. 74523400, Kartenverkauf Mo-Sa 10-20 Uhr, U-Bahn Waterloo. Das englische Nationaltheater.
- **107** [M12] **Old Vic**, Waterloo Road, Tel. 0870 0606628, Kartenverkauf Mo-Sa 9-21 Uhr, U-Bahn Waterloo. Dieses fast 200 Jahre alte Theater ist eine Institution in London.
- **108** [K11] **Palace Theatre**, 109 Shaftesbury Avenue, Tel. 0870 8955579, Kartenverkauf Mo-Sa 10-20 Uhr, U-Bahn Piccadilly Circus
- **109** [J11] **Piccadilly Theatre**, 16 Denman Street, Tel. 0870 0600123, Kartenverkauf Mo-Sa 10-18 Uhr, U-Bahn Piccadilly Circus
- **110** [K11] **Prince Edward Theatre**, 28 Old Compton Street, Tel. 0870 8509191, Kartenverkauf Mo-Sa 10-18 Uhr, U-Bahn Piccadilly Circus
- **111** [K11] **Prince of Wales Theatre**, 31 Coventry Street, Tel. 0870 8500393, Kartenverkauf Mo-Do 10-18.30 Uhr, U-Bahn Piccadilly Circus
- **112** [K11] **Queens' Theatre**, 51 Shaftesbury Avenue, Tel. 74945040, U-Bahn Piccadilly Circus, Kartenverkauf Mo-Sa 10-19.30 Uhr
- **113** [L11] **Lyceum Theatre**, 21 Wellington Street, Tel. 0870 2439000, Kartenverkauf Mo-Sa 10-18 Uhr, U-Bahn Covent Garden
- **114** [K10] **Shaftesbury Theatre**, 210 Shaftesbury Avenue, Tel. 73795399, Karten Mo-Sa 10-20 Uhr, U-Bahn Piccadilly Circus
- **34** [N11] **Globe Theatre**. Im originalgetreu rekonstruierten Globe finden von Mai bis September die aufregendsten Theateraufführungen der Metropole statt, Karten gibt es (fast) immer bis kurz vor Aufführungsbeginn, da im Rund vor der Bühne rund 600 Stehplätze für die *Groundlings,* die "Leute auf den billigen Plätzen", angeboten werden.
- **115** [K11] **Soho Theatre**, 21 Dean Street, Tel. 74780100, Kartenverkauf Mo-Sa 10-18 Uhr, U-Bahn Piccadilly Circus. Das Theater wurde im Jahr 2000 von der englischen Lotterie gesponsert und hat sich seitdem einen guten Namen gemacht.
- **116** [K11] **St. Martin's Theatre**, West Street, Tel. 0870 1628787, Kartenverkauf Mo-Sa 10-20 Uhr, U-Bahn Leicester Square
- **117** [L11] **Theatre Royal**, Drury Lane, Tel. 0870 8901109, Kartenverkauf Mo-Sa 10-18 Uhr, U-Bahn Covent Garden

MUSIK

- **58** [F12] **Royal Albert Hall**. In die riesige Rotunde passen 5200 Personen, die der hervorragenden Akustik lauschen können. In den Sommermonaten finden hier die "Proms" statt, Londons bedeutendste Klassikabende.
- **11** [K11] **Royal Opera House**. Eines der besten Opernhäuser der Welt. Die Floral Hall, einst ein Blumenlagerhaus, ist in ein vorzügliches Restaurant und eine Bar umgebaut worden.

LONDON FÜR KUNST- UND MUSEUMSFREUNDE

Die ehemalige Hauptstadt eines Weltreiches ist natürlich mit Museen zu allen Aspekten künstlerisch-kreativen Schaffens ausgestattet, deren Bestände allerdings derart umfangreich sind, dass dem Besucher nur ein Bruchteil gezeigt werden kann.

AUF INS VERGNÜGEN
London für Kunst- und Museumsfreunde

Überall finden so über das Jahr verteilt neben den permanenten auch themenbezogene Ausstellungen statt.

Sofern nicht anders angegeben, ist der Eintritt in die folgenden Museen frei.

MUSEEN UND GALERIEN

Museen

- [K10] **British Museum.** Eines der bedeutendsten Ausstellungshäuser der Welt, in dem Schätze aus pharaonischer, römischer, griechischer, assyrischer und keltischer Zeit auf den Besucher warten.
- [K12] **Cabinet War Rooms und Churchill Museum.** In dieser Außenstelle des Imperial War Museum kann man die bombensichere, unterirdische Befehlszentrale von Winston Churchill besichtigen – alles ist originalgetreu erhalten. Angeschlossen ist ein Museum, das die politischen Leistungen und das Leben des Kriegspremiers würdigt.
- 118 [L9] **Charles Dickens Museum,** 48 Doughty Street, Tel. 74052127, www.dickensmuseum.com, U-Bahn Russell Square oder Holborn, täglich 10–17 Uhr. Im Dickens Museum lassen sich Möbel und viele Memorabilien des sozial engagierten Schriftstellers besichtigen.
- 119 [P12] **Design Museum,** 28 Shad Thames, Tel. 0870 8339955, www.designmuseum.org, U-Bahn Tower Hill, tgl. 10–17.45 Uhr, Eintritt 6 £. Neben einer Reihe von wechselnden Sonderausstellungen zeigt das in einem weißen Kubus untergebrachte Haus eine ständige Sammlung von Klassikern des europäischen Produktdesigns. Vor dem Ausstellungsgebäude befinden sich einige herausragende Exponate in einem Glaskasten.
- 120 [H14] **National Army Museum,** Royal Hospital Road, Tel. 77300717, www.national-army-museum.ac.uk, U-Bahn Sloane Square, Busse 11, 137, 239, tgl. 10–17.30 Uhr. Im Stadtteil Chelsea kann man im National Army Museum mehr über die Geschichte des britischen Heers erfahren. Die Ausstellungsstücke beginnen mit der Schlacht von Agincourt 1415 und enden mit dem Zweiten Weltkrieg. In der Abteilung „Road to Waterloo" zeigen 70.000 Zinnsoldaten, wie Napoleon in dieser Schlacht geschlagen wurde.
- [K11] **National Gallery und National Portrait Gallery.** Die National Gallery beherbergt die Werke italienischer Meister des 15. und 16. Jh. sowie holländische, flämische und französische Gemälde des

AUF INS VERGNÜGEN 31
London für Kunst- und Museumsfreunde

Museen, die mit einer magentafarbenen Nummer (**60**) als Hauptsehenswürdigkeit ausgewiesen sind, werden im Kapitel „London entdecken" ausführlich beschrieben. Dort finden sich auch alle praktischen Informationen wie Adresse, Öffnungszeiten usw.

17. Jh. In einem Nebenflügel ist die National Portrait Gallery eingerichtet, in der man zahllosen berühmten Engländern „in die Augen sehen" kann.

60 [G13] **Natural History Museum und Geology Museum.** Im Museum für Naturgeschichte können die Naturwunder der Welt bestaunt werden. Es gibt botanische, entomologische, mineralogische, paläontologische und zoologische Exponate. Das Geologische Museum informiert über die Entstehung der Welt.

76 [W14] **National Maritime Museum.** Im Queen's House befindet sich eines der schönsten und größten Marinemuseen der Welt. Es gibt Hunderte von Schiffsmodellen, nautischen Instrumenten und alten Seekarten, aber auch Boote in Originalgröße. Sehenswert sind auch die Cook- und die Nelson-Galerie.

12 [H10] **Madame Tussaud's.** Das berühmte Wachsfigurenkabinett präsentiert Abbilder vieler Berühmtheiten.

72 [U11] **Museum in Docklands.** Das Museum stellt recht anschaulich die Geschichte des Londoner Hafens und seine Umwandlung in einen neuen, postmodernen Stadtteil dar.

45 [N10] **Museum of London.** Exponate aus verschiedenen Epochen. Besonders interessant sind u. a. die Karosse des Lord Mayor und eine audiovisuelle Vorführung über den Großen Brand von 1666.

◀ *Eine Ausstellung in der Tate Modern* **35**

3 [J11] **Royal Academy of Arts.** Hier stellen die Maler der Akademie ihre Werke aus und es werden auch das ganze Jahr über wechselnde Ausstellungen zu unterschiedlichen Themen organisiert.

59 [G13] **Science Museum.** Das Wissenschaftsmuseum ist mit dem Deutschen Museum in München vergleichbar und erklärt mittels ausgeklügelter Apparaturen naturwissenschaftliche Phänomene.

69 [K13] **Tate Britain.** Hier kann man britische Malerei vom 15. bis zum 19. Jahrhundert in Augenschein nehmen. Besondere Bedeutung kommt der angeschlossenen Clore Gallery zu, in der fast das gesamte Œuvre des Licht- und Schattengenies William Turner zu bewundern ist.

35 [N11] **Tate Modern.** Die Museumsbestände an moderner Kunst sind im denkmalgeschützten ehemaligen Kraftwerksbau Bankside Power Station untergebracht, der vom Schweizer Architekten-Duo Herzog und de Meuron umgebaut wurde.

51 [L11] **Twinings Tea Museum.** Londons kleinstes Museum befindet sich im ältesten Teegeschäft der Stadt. Hier erhält man Informationen zur Geschichte des Tees und der Familie Twining.

61 [G13] **Victoria and Albert Museum.** Das V & A zeigt die ganze Bandbreite des künstlerischen Schaffens verschiedener Nationen und ist sicher auch für „Museumsmuffel" interessant.

121 [O12] **Winston Churchill's Britain at War Experience,** 64 Tooley Street, Tel. 74033171, www.britainatwar.co.uk, U-Bahn London Bridge Station, April–Okt. tgl. 10–17 Uhr, Nov.–März tgl. 10–16.30 Uhr, Eintritt 12,95 £. Dieses Haus gibt einen Eindruck davon, wie der Kriegsalltag der Londoner von 1939 bis 1945 aussah. Durch eine Vielzahl von Ausstellungsstücken, Fotos und Plakaten und mit Geräuschkulissen wird vor allem der Bombenkrieg recht plastisch dargestellt.

Galerien

- **71** [P10] **Whitechapel Art Gallery,** 80 Whitechapel High Street, Tel. 75227888, www.whitechapel.org, U-Bahn Aldgate East, Di, Mi, Fr, Sa, So 11–18 Uhr, Do 11–21 Uhr. Das mit Jugendstilelementen dekorierte Gebäude wurde um die Wende vom 19. zum 20. Jahrhundert errichtet und zeigt wechselnde zeitgenössische Ausstellungen, aber auch Dichterlesungen, Musikveranstaltungen und Filme stehen auf dem Programm.
- **122** [L11] **Hayward Gallery,** Belvedere Road (im South Bank Centre), Tel. 79210813, www.hayward.org.uk, U-Bahn Waterloo, tgl. 10–18 Uhr, Fr 10–22 Uhr. Hier werden das ganze Jahr über Wechselausstellungen gezeigt, und zwar auf ganz hohem Niveau: International renommierte Künstler stellen hier ihr Œuvre vor oder es gibt themenbezogene Ausstellungen.

> **KLEINE PAUSE**
>
> *Kaffee, Snacks und Zeitung*
> Im Zentrum von St. James's Park befindet sich in einem Holzpavillon ein **Café** und auch im Hyde Park, am westlichen Ende der Serpentine sowie am südöstlichen Ende nahe dem Diana-Gedächtnisbrunnen, bekommt man Kaffee, Kuchen und kleine Snacks. Wer morgens bei einem Kaffee oder Tee in Ruhe seine **Tageszeitung** lesen möchte, kommt hier bis ca. 12 Uhr und dann wieder ab 14.30 Uhr auf seine Kosten. Sommertags sitzt man dabei draußen.

LONDON ZUM TRÄUMEN UND ENTSPANNEN

Eine Metropole mit 8 Millionen Menschen lädt auf den ersten Blick mit all der hektischen Betriebsamkeit nicht gerade zum Träumen und Entspannen ein. Die Stadt besitzt aber eine Reihe von großen Parks und in diesen grünen Lungen stehen überall Liegestühle, die – allerdings gegen eine Gebühr – zur Entspannung genutzt werden können.

Wer möchte, der kann innerhalb der dicht besiedelten Londoner Innenstadt mehrere Stunden lang durch grüne Parkanlagen spazieren, ohne dabei auch nur im Geringsten vom Lärm der Metropole gestört zu werden. Südlich vom Trafalgar Square, genauer gesagt hinter dem Admiralty Arch, beginnt der **St. James's Park** **21**, hat man ihn auf ganzer Länge durchquert, z. B. entlang des künstlichen Sees, wechselt man am Victoria Memorial vor dem Buckingham Palace über die Mall in den **Green Park**, der auf Hyde Park Corner zuführt. Mittels mehrerer Fußgängertunnel unterquert man den viel befahrenen Verkehrsknotenpunkt und taucht an der nordöstlichen Ecke wieder ans Tageslicht, um nun den **Hyde Park** **55** in westlicher Richtung zu durchschreiten. Nahtlos schließt sich dann **Kensington Gardens** an und der geruhsame Spaziergang findet am **Kensington Palace** **56** sein Ende.

Der hektischen Metropole entfliehen kann man auch bei einem Besuch eines der größten Botanischen Gärten der Welt, **Kew Gardens** **79**. Auf dem ausgedehnten Areal finden sich eine chinesische Pagode und eine ganze Reihe von Gewächshäusern aus viktorianischer Zeit.

AM PULS DER STADT

London ist geschäftig, hektisch und laut, die Bürgersteige, U-Bahnen, Busse, Straßen, Pubs und Restaurants mehr als gut gefüllt. Vom frühen Morgen bis zum späten Abend pulsiert die Metropole und man ist ständig versucht, in den gleichen schnellen Schritt zu verfallen wie die geschäftig dahereilenden Londoner.

DAS ANTLITZ DER METROPOLE

London ist **Hauptstadt** des Vereinigten Königreiches von Großbritannien und Nordirland, Hauptsitz des Commonwealth und Wohnsitz der englischen Königin (Buckingham Palace) sowie Sitz der Regierung und des Parlaments (Houses of Parliament). Der ursprüngliche Gründungskern, die heutige **City of London**, ist nur ca. 2,6 km² groß und wird derzeit von nicht mehr als 8000 Menschen bewohnt. Tag für Tag strömen jedoch fast 750.000 Arbeitnehmer hierher. **County London**, das eigentliche Stadtgebiet, umfasst mehr als 300 km² und hat über 3,2 Mio. Einwohner. **Groß-London** (Metropolitan County Greater London), als Verwaltungseinheit 1965 gebildet und 21 Jahre später wieder aufgelöst, erstreckt sich über eine Fläche von ungefähr 1600 km² und hat über 12 Mio. Einwohner. Letztendlich versteht man unter London einen **urbanen Ballungsraum** von rund 200 km Durchmesser, in dem über 12 Mio. Menschen leben und arbeiten.

Großbritanniens Hauptstadt gliedert sich verwaltungsmäßig in die selbstständige **City of London** und in 32 Bezirke (**boroughs**). Die City wird vom **Common Council** verwaltet, dem der Bürgermeister (**Lord Mayor**) vorsteht.

Seit dem Ende des Zweiten Weltkriegs hat die Bedeutung des Londoner Hafens als internationaler Warenumschlagplatz rapide nachgelassen. Die alten Dockanlagen verfielen und wurden im Rahmen des **Dockland Project** einer aufwendigen Sanierung zu Hochpreiswohngebieten und Hightech-Parks unterzogen.

Die Stadt besitzt mehrere **Flughäfen**, wobei **Heathrow** mit über 40 Mio. Passagieren pro Jahr Englands bedeutendste Luftverkehrsdrehscheibe ist. In **Gatwick** landen vor allem die Charterflieger und bringen pro Jahr 25 Mio. Fluggäste ins Land. Rund 50 km nördlich der Metropole liegt der Flughafen **Stansted**, das Passagieraufkommen beträgt hier 3 Mio. Reisende, die vor allem mit Billigairlines ins Land gelangen.

Das schnellste Verkehrsmittel der Stadt ist die U-Bahn, **Tube** („Röhre") genannt. Daneben verkehren rund 9000 **Busse** auf einem Streckennetz von 6670 km Länge. Sie befördern jährlich über 240 Mio. Menschen. Dennoch verliert die Wirtschaft der Metropole aufgrund von Verkehrsstauungen und defekten U-Bahn-Zügen und Bussen pro Jahr ca. 10 Mrd. Pfund.

Noch im Ausbau begriffen ist die Linie der **Docklands Light Railway** (DLR), die oberirdisch mit vollständig computergesteuerten Zügen die ehemaligen Hafenanlagen durchquert.

London ist der wichtigste **Straßenknotenpunkt** der britischen Insel; große Ausfallstraßen und Autobahnen gehen von hier aus in alle Richtungen des Landes. 1986 wurde das letzte

◀ *Vorseite: In Covent Garden* ❿ *kann man Musik jeder Art hören*

AM PULS DER STADT
Von den Anfängen bis zur Gegenwart

▲ *Moderne und alte Architektur an der Themse*

Teilstück einer 185 km langen Ringautobahn für den Verkehr der Metropole fertiggestellt. Wer allerdings mit seinem Privatwagen in die Londoner Innenstadt fahren will, muss eine *Congestion Charge,* eine „Verstopfungsgebühr", entrichten und außerdem gute Nerven haben.

Heute zwar nicht mehr Hauptstadt eines Weltreiches, ist London aber noch immer ein **Finanz- und Wirtschaftszentrum** ersten Ranges. In der City mit ihren Banken und Börsen werden Tag für Tag schier unermessliche Summen umgesetzt. Auch die großen Versicherungsgesellschaften wie z. B. Lloyd's haben hier ihren Sitz und die beiden großen Auktionshäuser Sotheby's und Christie's bringen Kunstschätze von ungeahnten Werten unter den Hammer.

Vergleicht man London mit anderen europäischen Metropolen, so fällt auf, dass die Stadt im Gegensatz zu Paris, Wien, Rom oder Madrid über keine glanzvolle Herrschaftsarchitektur verfügt. Das liegt daran, dass die Macht der Könige und Königinnen bereits im 13. Jh. durch die Magna Charta eingeschränkt wurde und im Laufe der folgenden Jahrhunderte immer mehr zusammenschmolz. Einen absolutistisch regierenden Monarchen hat es in den letzten 500 Jahren hier nicht gegeben und so entstand auch keine ausufernde Herrschaftsarchitektur an den Ufern der Themse. Die Stadt präsentiert sich dem Besucher also mit einem **bürgerlichen Ambiente.**

VON DEN ANFÄNGEN BIS ZUR GEGENWART

RÖMISCHE ZEIT
(55 v. Chr. – 449 n. Chr.)

43 n. Chr. Mit vier Legionen lässt Kaiser Claudius Britannien erobern und gliedert das Land ins Römische Reich ein. Am Nordufer der Themse gründen die Römer die Stadt Londinium.
um 314 Erste Erwähnung Londons unter dem Namen Londinium als Bischofssitz
449 Angeln, Sachsen und Jüten drängen die Römer aus Britannien heraus.

AM PULS DER STADT
Von den Anfängen bis zur Gegenwart

ANGELSÄCHSISCHE ZEIT (450–1066)

604 Unter dem Namen Lundenevic wird London erstmals als Hauptstadt des angelsächsischen Königreiches Essex erwähnt.
796 London avanciert zur Königsresidenz der Angelsachsen.
1016–1066 Die Herrscher des Landes residieren in Westminster.
1065 Der erste Bauabschnitt der Westminster Abbey wird geweiht.

NORMANNISCHE ZEIT (1066–1154)

1066 Der Normanne William the Conqueror (Wilhelm der Eroberer) wird nach der Schlacht bei Hastings in der Westminster Abbey zum englischen König gekrönt.
1078 Zur Überwachung der Stadt lässt William den Tower erbauen.

HAUS ANJOU-PLANTAGENET (1154–1399)

1176–1209 Errichtung der Old London Bridge, der ersten Steinbrücke über die Themse (bestand bis 1832)
1192 Der erste Bürgermeister Londons, Fitz Aylwin, wird von den Zünften gewählt.
1215 König John Lackland (Johann Ohneland) beugt sich dem Druck des englischen Adels und erlässt die „Magna Charta Libertatum", in der die Stadtprivilegien, der Handel, das Steuerwesen und das Prozedere der Bischofswahl geregelt werden.
1245–1269 Neubau der Westminster Abbey im gotischen Stil
1290 Juden werden aus London vertrieben.
1312 Auflösung des Tempelritterordens, seine Besitztümer gehen an eine Rechtsgelehrtenschule über.
1332 Das Gemeindeparlament (Common Council) teilt sich in zwei Kammern auf: im einen Haus sitzen die weltlichen und geistlichen Lords, im anderen die Ritter und Bürger.

HAUS LANCASTER (1399–1461)

1455–1485 Zeit der Rosenkriege. Das Haus York (Weiße Rose) kämpft gegen das Haus Lancaster (Rote Rose) um die englische Krone.

HAUS YORK (1461–1485)

1473 Hansekaufleute aus Köln (Stalhof) lassen sich in London nieder (bis 1598).
1476 William Caxton eröffnet die erste Buchdruckerei in England.

HAUS TUDOR (1485–1603)

1509–1545 Unter der Herrschaft von Heinrich VIII. kommt es zur Gründung der anglikanischen Kirche.
1535 Der Humanist Thomas More (Thomas Morus), 1529 bis 1532 Lordkanzler, wird wegen Auseinandersetzungen mit Heinrich VIII. als Hochverräter hingerichtet.
1558–1603 Herrschaft von Königin Elisabeth I., Mäzenin der Wissenschaften und Künste
1588 Der spanische König Felipe II. schickt aufgrund der englischen Unterstützung

AM PULS DER STADT
Von den Anfängen bis zur Gegenwart

der Freibeuterei und der Handelsbeziehungen Englands mit spanischen Kolonien die Armada gen Norden. Die als unbesiegbar geltende Flotte wird vernichtend geschlagen.

1592 Erste Erwähnung William Shakespeares (1564–1616), der als Schauspieler in London agiert.

HAUS STUART (1603–1714)

1603 Mit Jakob I. beginnt die Herrschaft der Stuarts.

1605 Katholiken unter der Führung von Guy Fawkes versuchen, das Parlament in die Luft zu sprengen („Gunpowder Plot"). Die Verschwörer werden verraten und hingerichtet.

▲ *Heinrich VIII. in einer zeitgenössischen Darstellung*

◄ *Old London Bridge – die erste Steinbrücke über die Themse*

1642–1649 Es gibt eine Auseinandersetzung zwischen Parlament und König. London unterstützt im Bürgerkrieg die Anhänger des Parlaments (die Rundköpfe) gegen die Unterstützer des Königs. Oliver Cromwell lässt Karl I. hinrichten und übernimmt als Lord Protector (1653–1658) selbst die Regierungsgeschäfte.

1660 Restauration des Herrscherhauses Stuart unter Karl II.

1665 Die Pest wütet in der Metropole (68.500 Todesopfer).

1666 Beim Großen Brand von London fallen vier Fünftel der Stadt in Schutt und Asche.

1683 Karl II. tauscht die Londoner Stadträte gegen königliche Beamte aus und versucht, die Selbstverwaltungsrechte der Metropole zu beschneiden.

1688/89 „Glorious Revolution" gegen Karl II. Die „Declaration of Rights" und die „Bill of Rights" werden formuliert. London erhält seine Stadtrechte zurück. Wilhelm von Oranien wird als Wilhelm III. Nachfolger des geflohenen Karl.

HAUS HANNOVER (1714–1910)

1714 Georg I. begründet die Herrschaft des Hauses Hannover.

1759 Eröffnung des Britischen Museums, das aus einer 1753 erfolgten Stiftung hervorgeht.

1801 Die erste offizielle Volkszählung ergibt für London 860.035 Einwohner.

1802–1828 Der Londoner Hafen wird ausgebaut und erhält eine Anzahl neuer Docks.

1824 Gründung der National Gallery aus dem Vermächtnis des Kaufmanns und Sammlers John Julius Angerstein

1825–1831 Bau der neuen London Bridge

1828 Gründung der Universität von London

AM PULS DER STADT
Von den Anfängen bis zur Gegenwart

1837–1901 Regierungszeit von Königin Victoria, die den Buckingham Palace in London zu ihrer Hauptresidenz macht. Die Stadt erlebt eine vom Victorian Style geprägte, rasante städtebauliche Entwicklung.
1840–1852 Die Parlamentsgebäude mit dem Uhrturm Big Ben werden errichtet.
1843 Die Nelson-Säule am Trafalgar Square wird zu Ehren von Admiral Nelson eingeweiht, der 1805 in der Schlacht von Trafalgar ums Leben kam.
1847/48 Karl Marx und Friedrich Engels gründen den Bund der Kommunisten und publizieren das „Kommunistische Manifest".
1851 erste Weltausstellung in London
1851/52 Bau von King's Cross Station, dem ersten Londoner Bahnhof in Stahlbauweise
1862 zweite Weltausstellung in London
1863 Eröffnung des ersten U-Bahn-Abschnittes zwischen Bishop's Road und Farringdon
1886–1894 Horace Jones und John Wolfe-Barry erbauen die Tower Bridge.
1908 Die vierten Olympischen Spiele finden in London statt.

HAUS WINDSOR (seit 1910)

1910 König Georg V. aus dem Hause Windsor besteigt den Thron.
1911 Eine Volkszählung für London ergibt 7 Mio. Einwohner.
1914–1918 Erster Weltkrieg: Durch deutsche Luftangriffe, u. a. mit Zeppelinen, kommen 2000 Bewohner der Hauptstadt ums Leben.
1939–1945 Zweiter Weltkrieg: Ab 1940 gibt es zahlreiche Luftangriffe auf London, bei denen ca. 30.000 Menschen getötet werden. In der Stadt lassen sich viele vor dem faschistischen Regime geflohene Exilregierungen nieder.
Ab 1945 Wiederaufbau der Stadt mit Sanierung einzelner Viertel und Vororte
1948 Die 14. Olympischen Spiele finden in London statt.

▲ *Die U-Bahn-Station Bakerstreet im Jahre 1863*

▶ *Londons Skyline spiegelt den Wandel der Jahrhunderte*

AM PULS DER STADT
Von den Anfängen bis zur Gegenwart

1952 In der Westminster Abbey wird Elisabeth II. zur Königin gekrönt.

1986 Eine weitere Reform führt zur Auflösung des Greater London Council.

1990 Steuererhöhungen führen zu großen Demonstrationen und Protesten in der Bevölkerung. Nach parteiinternen Machtkämpfen tritt Margaret Thatcher als Premierministerin zurück. Neuer Regierungschef wird John Major.

1992 Erneut gewinnen die Konservativen die Wahl. Das britische Königshaus steckt aufgrund der amourösen Eskapaden von Charles und Diana, Edward und Fergie in einer tiefen Krise. Ein Brand zerstört weite Teile von Windsor Castle.

1997 Im Mai gewinnt nach fast zwei Jahrzehnten in der Opposition die Labour Party wieder die Macht und stellt die Regierung. Premierminister wird Tony Blair.

2000 Mit überwältigender Mehrheit wählen die Londoner nach 14 Jahren wieder einen Oberbürgermeister. Ken Livingstone, der bereits 14 Jahre zuvor das Amt des Oberbürgermeister innehatte, bekommt das Vertrauen der Bevölkerung.

2003 Das Britische Museum feiert sein 250-jähriges Bestehen mit verschiedenen Ausstellungen.

2005 Im Juli verüben islamistische Selbstmordattentäter mehrere Bombenanschläge auf die Londoner U-Bahn und auf Nahverkehrsbusse. Die rigiden Sperrzeiten der Pubs werden abgeschafft, Wirte dürfen jetzt auch nach 23 Uhr Alkohol ausschenken.

2006 London wird zum Austragungsort für die Olympischen Spiele 2012 gewählt.

2007 Während Restaurationsarbeiten geht im Mai der legendäre Segelklipper Cutty Sark in Flammen auf und brennt völlig aus.

2008 Bei den Kommunalwahlen verliert der legendäre Labour-Bürgermeister Ken Livingstone zugunsten des konservativen Boris Johnson die Mehrheit.

2009 Im März beginnen die Arbeiten am (geplant) 310 m hohen Wolkenkratzer Shard London Bridge (auch Shard of Glass/London Bridge Tower genannt). Das pyramidenartige Gebäude soll 2012 fertiggestellt werden und könnte dann der höchste Wolkenkratzer Europas sein.

2010 Bei den Unterhauswahlen wird die Labour-Partei böse abgestraft. Trotzdem bekommen die Torys nicht die absolute Mehrheit und müssen mit den Liberaldemokraten koalieren.

LEBEN IN DER STADT

Mit rund 40.000 Einwohnern galt London bereits Ende des 14. Jh. als eine der größten Städte Europas. 200 Jahre später lebten eine halbe Millionen Menschen in der Kapitale. Trotz der verheerenden Pestepidemie von 1665 und dem Großen Brand ein Jahr später entwickelte sich die Metropole stetig weiter und hatte um 1800 den Rang einer **Millionenstadt** inne. Während ab Mitte des 19. Jh. die City of London, das historische Kernstück der Stadt, einen rasanten Einwohnerschwund verzeichnete, stieg die Bevölkerung in den umliegenden Bezirken und Vororten explosionsartig an. Lebten 1841 ca. 2,2 Mio. Menschen in der Stadt, so wuchs die Einwohnerzahl von Groß-London bis heute auf gut 12 Mio.

Die von jeher große wirtschaftliche Bedeutung Londons und die erfolgreichen ökonomischen Aktivitäten seiner geschäftstüchtigen Bewohner bildeten schon immer einen Anreiz für **Einwanderer** aus aller Herren Länder: Im 17. Jh. zogen französische Hugenotten in die Stadt, 100 Jahre später folgte eine Migrationswelle von Iren, im 19. Jh. strömten vor allem Afrikaner und Chinesen in Britanniens Metropole, ab 1880 dann Abertausende von Juden. Nach dem Zweiten Weltkrieg entließ England immer mehr seiner Kolonien in die Unabhängigkeit. Viele Pakistaner, Inder, Zyprer, Ägypter zogen daraufhin nach London.

In vielen Stadtbezirken wird das Straßenbild durch eine einzelne Bevölkerungsgruppe dominiert. Viele Einwanderer sind arbeitslos, von der staatlichen Sozialfürsorge nur unzureichend betreut und ohne jede Zukunftsperspektive. Hinzu kommen **Rassenkonflikte**, die sich in spontanen Demonstrationen entladen. Die durch die Globalisierung der Wirtschaft bedingte **Existenzangst der Working and Lower Middle Class** im Inselreich äußert sich zudem in Form eines **Rechtsrucks** und zunehmendem Rassismus. Im Schmelztiegel der Nationen gärt es heftig!

Neben allen Problemen ist London aber auch das **kulturelle Zentrum Großbritanniens**: Fernseh- und Rundfunkanstalten, überregionale Zeitungen und Zeitschriften konzentrieren sich hier, sechs weltberühmte Orchester haben ihren Sitz in der Stadt und die zeitgenössische Musikszene ist spätestens seit den 1960er-Jahren von weltweiter Bedeutung. Über 100 Theater bringen täglich ihre Aufführungen auf die Bühne und die Londoner Museen sind weit über die Grenzen Englands hinaus bekannt.

LONDON 2012 – DIE XXX. OLYMPISCHEN SPIELE

Bereits zum vierten Mal wurden die Olympischen Spiele vom IOC nach London vergeben. Erstmals fanden die Spiele 1908 in Britanniens Metropole statt, 1944 sollten sie wieder dort ausgetragen werden, doch aus verständlichen Gründen wurde daraus nichts. Quasi als Kompensation wurden die Londoner Gastgeber der Spiele 1948. Scheinbar hat London dem IOC als Austragungsort gefallen, denn nun finden vom 27. Juli bis zum 11. August 2012 auch die XXX. Olympischen Spiele in der Stadt an der Themse statt. Die Paralympics folgen vom 29. August bis zum 9. September 2012.

Dass sich London gegen so potente Metropolen wie Paris, Madrid, New York und Moskau bei der Wahl im Jahr 2005 erfolgreich durchsetzen konnte, lag an dem unermüdlichen Einsatz von Ken Livingstone, dem schon legendären ehemaligen Bürgermeister der Stadt. Er überzeugte die Verantwortlichen des IOC weniger durch Tatsachen als vielmehr mittels Visionen, denn im Gegensatz zum eigentlich aussichtsreicheren Kontrahenten Paris hatte London weder Veranstaltungsorte noch Infrastruktur zu bieten. Gleich nach der Vergabe begannen die Bauarbeiten im östlichen Stadtteil **Stratford**, der ca. 6 km Luftlinie vom Zentrum entfernt ist und etwa 1 km nördlich der Docklands liegt. Hier soll am Flüsschen Lea auf einem Gelände von 200 ha der **Olympiapark** entstehen, der ein Stadion (80.000 Sitzplätze), ein Wassersportzentrum, den VeloPark (Velodrom und BMX-Gelände), das Olympia Hockey Centre (15.000 Sitzplätze), vier weitere temporäre Sporthallen, das Olympische Dorf für Sportler und akkreditierte Offizielle (insgesamt 17.320 Personen) und ein Medienzentrum umfasst. Mehr als 30 Brücken (teilweise temporäre) werde gebaut und rund um den Park entstehen 20 km an neuen Straßen. Geplant ist, das Olympische Dorf nach den Spielen in 3600 Wohnungen umzubauen, die in dem heute sozial benachteiligten Stadtteil preiswerten Wohnraum bieten sollen. Insgesamt werden laut den Planern sogar rund **9000 neue Wohnungen** entstehen.

Parallel zum Bau der Anlagen werden für die geschätzten 8 Mio. Besucher **neue Verkehrsanbindungen** vom zentralen Innenstadtbereich gen Osten gelegt und die schon bestehenden Linien modernisiert. Der Olympiapark wird dann mit der Tube (der Londoner U-Bahn), mehreren Vororteisenbahnlinien und der bereits existierenden Docklands Light Railway (DLT) erreichbar sein. Zusätzlich entsteht der neue Bahnhof Stratford International, den der von Paris und Brüssel kommende Eurostar und alle 14 Sekunden auch ein permanent verkehrender Shuttlezug von der St. Pancras Station mit dem schönen Titel „Olympic Javelin" („Olympischer Speer") anfahren wird.

Der gesamte Olympiapark soll nach der Großveranstaltung in ein urbanes Zentrum umgewandelt werden, das sich dank seiner guten Verkehrsanbindung an die City Londons zu einem **ökonomischen und sozialen Vorzeigegebiet** entwickeln soll.

◄ *Ein eindrucksvoller Blick über Englands Metropole*

AM PULS DER STADT
London 2012 – die XXX. Olympischen Spiele

Wie bei solchen Großprojekten üblich, mutieren auch vergleichsweise kleine Überlegungsansätze plötzlich zu ungeahnter Größe: Um den Besucherstrom in geordneten Bahnen zu halten, kamen die Verantwortlichen der Londoner ODA (Olympic Dilivery Authority) auf die Idee, das landesweit niemand mit dem Auto anreisen dürfe. „Wir haben ein sehr aggressives Programm, um die grünsten Spiele aller Zeiten zu schaffen", ließ Hugh Summer, Chef der ODA, verlauten. Parkplätze nahe dem Olympiapark werden nicht gebaut und auch die Planungen über riesige Standflächen mit einem Park-and-ride-System an Autobahnabfahrten sind erst einmal vom Tisch. Jeder Besucher soll stattdessen mit seiner Eintrittskarte, die auch für Fahrten mit dem öffentlichen Nahverkehr gilt, einen genauen Anreiseplan bekommen und am Tag der Veranstaltung per SMS über die aktuelle Verkehrssituation informiert werden oder bei Überlastung des öffentlichen Nahverkehrs Ausweichempfehlungen erhalten. Experten bezweifeln allerdings, ob die seit Jahrzehnten marode Tube, die schon zu normalen Zeiten regelmäßig überlastet ist, pro Tag mehrere Hunderttausend zusätzliche Fahrgäste verkraften kann. Verspätete Züge und Totalausfälle ganzer Linien sind keine Seltenheit, sondern der Alltag der Londoner. Zwar soll auch die Tube modernisiert werden, Kritiker prophezeien jedoch ein gigantisches **Olympia-Chaos**.

Auch für die geschätzten 7 Mio. Londoner, die nicht zu den Spielen wollen, haben die stadtweiten Verkehrsplanungen gravierende Folgen, denn die Verantwortlichen der ODA haben sich noch etwas Radikales einfallen lassen: In der Innenstadt werden sogenannte „**Zil-Routen**" eingerichtet, Fahrspuren, auf denen nur Sportler, Funktionäre und Medienvertreter fahren dürfen – sonst niemand! Der Namen „Zil" geht auf die einstigen Moskauer Staatslimousinen zurück, für die stets eine Expressspur frei gehalten werden musste. Stalin lässt grüßen!

EXTRATIPP

Führungen am Bau

Wer sich darüber informieren möchte, wie die Arbeiten im Lower River Lea Valley, im Osten Londons, für die **olympischen Spiele 2012** voranschreiten, der kann an einer geführte Tour auf dem Areal unternehmen. Die Führung dauert zwei Stunden und geht über eine Strecke von ca. 3,5 km.

> **Walking Tours in the Area of the Games,** tgl. 11 Uhr am Treffpunkt U-Bahn-Station Bromley-by-Bow (City Lines, Hammersmith und District), 9 £, Voranmeldung unter www.tourguides2012.co.uk

LONDON ENTDECKEN

DAS WESTEND

Unser Erkundungsgang durch das Westend beginnt an der U-Bahn-Station Green Park. Hier wendet man sich nach rechts und spaziert die Straße Piccadilly hoch. Der Boulevard, gesäumt von Luxusboutiquen, teuren Hotels und prachtvollen Stadtpalästen, bekam seinen Namen von einem Schneidermeister, der hier einst die sogenannten „Pickadils" fertigte, hohe Hemdkragen mit steifen Ecken.

❶ THE RITZ HOTEL ★ [J11]

Gleich rechts befindet sich eines der besten und edelsten Hotels der Stadt, das traditionsreiche, 1906 eröffnete Ritz – die einzig akzeptable Herberge für den begüterten Gentleman. Das Ritz war einmal das größte Hotel der Metropole. Wer einen Blick in das elegante Ambiente werfen möchte, der kann dort sehr stilvoll fünfmal pro Tag (11.30, 13.30, 15.30, 17.30, 19.30 Uhr) seinen **Afternoon Tea** mit *scones, clotted cream* und *marmelade* im spektakulären Palm Court nehmen, der im Stil von Ludwig XVI. gehalten ist (Buchungen mindestens vier Wochen vorher). In den öffentlichen Bereichen der Nobelherberge gilt ein formaler Dresscode *(„Gentlemen are requested to wear a jacket and tie when using the Palm Court")*. Zwischen 1995 und 2003 wurde das Haus für über 40 Mio. £ restauriert.
› 150 Piccadilly, Tel. 74938181, www.theritzlondon.com, U-Bahn Green Park

❷ BURLINGTON ARCADE ★ [J11]

Wenige Schritte weiter findet sich linker Hand die reizvolle, 1819 eröffnete Burlington Arcade, eine ruhige,

◀ *Vorseite: Londons Skyline – immer ein beliebtes Fotomotiv*

▲ *Das Westend ist das Zentrum von Londons Theater- und Kinolandschaft*

Das Westend

edle und mit einem Glasdach überspannte Ladenpassage, in der eine Anzahl exklusiver Geschäfte den betuchten Kunden erwarten. Das es hier gesittet zugeht, dafür sorgen von jeher die **Beadles**, kräftige Herren in edwardianischer Kleidung und mit einem Zylinder auf dem Kopf. Auf der anderen Straßenseite setzt sich die Galerie mit der **Prince's Arcade**, etwa zur gleichen Zeit eröffnet wie die Burlington-Passage, und mit der **Piccadilly Arcade** aus dem Jahre 1910 fort.

› Piccadilly, Tel. 7630141, www.burlington-arcade.co.uk, Mo–Fr 9.30–17.30, Sa 10–18 Uhr, U-Bahn Green Park oder Piccadilly Circus

❸ ROYAL ACADEMY OF ARTS ★★ [J11]

Auf der linken Straßenseite ragt die imposante, palladianische Neorenaissancefassade von **Burlington House** auf, Sitz der Royal Academy of Arts.

Im Innenhof grüßt eine Statue von Joshua Reynolds (1723–1792), ein bekannter Portraitmaler seiner Zeit und erster Präsident der 1758 gegründeten Academy. Der Kunstakademie gehörten und gehören alle großen Künstler des Inselreiches an. Sie fördert aber auch den Nachwuchs, organisiert Ausstellungen und finanziert eine Kunstschule. Da jedes Mitglied der Akademie ein Werk überlassen muss, ist die Sammlung, die während der **Summer Exhibition** von Mai bis September zu besichtigen ist, beträchtlich. Auch eine Vielzahl von Wechselausstellungen werden das ganze Jahr über gezeigt.

› Burlington House, Piccadilly, Tel. 73008000, www.royalacademy.org.uk, Mo–Do, So 10–18, Fr 10–22, Sa 10–21 Uhr, Eintritt 12 £, U-Bahn Piccadilly Circus oder Green Park

❹ FORTNUM & MASON ★★ [J11]

Gegenüber, auf der rechten Straßenseite, hat das traditionsreiche **Kolonialwarengeschäft** und **Delikatessenkaufhaus** Fortnum & Mason, seinen Sitz. Über dem Eingang befindet sich eine **Uhr** mit einem Holzkasten, der zwei Figuren enthält, die Mr. Fortnum und Mr. Mason darstellen. Zu jeder vollen Stunde treten die beiden Herren aus ihrem Verschlag und erweisen sich die Reverenz. Anfang des 18. Jh. wurde diese britische Institution als kleines Kolonialwarengeschäft eröffnet, heutzutage glaubt man, sich eher in einem Museum als in einem Kaufhaus zu befinden. Die Angestellten „zelebrieren", angetan mit Frack oder in Livree, die Beratung der Kunden und den Verkauf mit vornehmer britischer Zurückhaltung. Die Produkte werden, Preziosen gleich, kunstvoll arrangiert und der unaufdringliche Service gilt weltweit als unübertroffen. In drei Restaurants, dem Fountain, dem St. James's und dem Patio, bekommt man zudem typisch britische Küche.

› 181 Piccadilly, Tel. 77348040, www.fortnumandmason.com, Mo–Sa 9.30–18 Uhr, U-Bahn Piccadilly Circus

❺ PICCADILLY CIRCUS ★★★ [J11]

Die Straße Piccadilly öffnet sich auf den Piccadilly Circus, der immer vom Verkehr umtost ist und an dessen Hausfassaden riesige **Reklameschilder** blinken. Fünf Straßen laufen sternförmig auf den Kreisverkehr zu, zwei U-Bahn-Linien kreuzen unterirdisch den Circus, Busse umrunden im Stop and Go den Kreisel und überfüllte Bürgersteige und hektische

LONDON ENTDECKEN
Das Westend

❻ SOHO ★ [J11]

Vom Piccadilly Circus aus lässt sich gut Soho erkunden, nach landläufiger Meinung das **Vergnügungsviertel** der Metropole, das im Westen von der Regent Street, im Norden von der Oxford Street, im Osten von der Shaftesbury Avenue, der Coventry Street und dem Leicester Square begrenzt wird.

Seit dem Jahr 1685, als hier die ersten Hugenotten einzogen, ist Soho das Viertel der Ausländer geblieben. Die Franzosen, Spanier, Italiener, Griechen, Chinesen, Inder, Polen und Juden, die alle mit verschiedenen Einwanderungswellen ins britische Inselreich kamen, ließen sich, wenn zu bescheidenem Wohlstand gekommen, in Soho nieder und eröffneten Geschäfte und Restaurants.

Der **Name** des Viertels geht auf Zeiten zurück, als das Areal noch nicht besiedelt und die citynah gelegene Gegend ein beliebter Jagdplatz war: Mit dem Ruf „So-Ho" scheuchte man das Wild auf. Die Anlage des Quartiers mit seiner **winkligen Straßenführung** ist bis heute unverändert geblieben. In den Gassen reihen sich Schallplatten- und Instrumentengeschäfte, Pubs, Cafés, Kioske, Imbissbuden, Restaurants, Lebensmittelläden, Delikatessgeschäfte, Obst- und Gemüsestände sowie ein täglich (außer sonntags) stattfindender Straßenmarkt (in der Berwick Street) aneinander. Hier kaufen die Gourmets ihre **Spezialitäten** ein und schlemmen in den **Restaurants**.

Am **Soho Square**, im Norden des Viertels nur wenige Minuten Fußweg vom Oxford Circus entfernt, steht

Betriebsamkeit lassen – auf dem vergleichsweise kleinen Platz – nicht die rechte Muße aufkommen. Dennoch sitzen die Touristen gerne auf den Stufen des Eros-Brunnens, ruhen sich aus und schauen dem geschäftigen Treiben zu.

Den **Eros-Brunnen** inmitten des Piccadilly Circus schuf Alfred Gilbert 1893 im Gedenken an den Wohltäter Anthony Ashley Cooper, den 7. Earl of Shaftesbury. Der Adlige hatte versucht, mit eigenen Geldern das Elend im Eastend durch die Einrichtung von Suppenküchen und Schulen zu begrenzen.

› Piccadilly Circus,
  U-Bahn Piccadilly Circus

▲ *Piccadilly Circus – der Eros-Brunnen vor der bekannten Leuchtreklame*

▶ *Überlebensgroße Skulptur eines Mannes auf dem Soho Square*

LONDON ENTDECKEN
Das Westend

inmitten der Rasenfläche eine kleine Statue von Karl II. – in früheren Tagen hieß der Platz King's Square. Von hier verlaufen drei wichtige Straßen: Greek Street, Frith Street und Dean Street. Heutzutage reiht sich dort ein Restaurant an das andere und fast alle Küchen der Welt sind vertreten.

› U-Bahn Piccadilly Circus, Oxford Circus oder Tottenham Court Road

KLEINE PAUSE

○123 [K11] **Coach & Horses,** 29 Greek Street, U-Bahn Piccadilly Circus. Traditionell die Kneipe der intellektuellen Außenseiter, der profunden Trinker, der gesellschaftlichen Aussteiger. Als 2005 das Gerücht aufkam, dass der Pub geschlossen werden sollte (die BBC und die bekannten Zeitungen meldeten dieses Ereignis), gab es Panik, zum Glück blieb alles beim Alten.

❼ TRAFALGAR SQUARE ★★★ [K11]

Folgt man vom Piccadilly Circus der Coventry Street nach Westen, biegt in die Straße Hamarket ein und am Ende nach links ab, so erreicht man eine der Hauptsehenswürdigkeiten Londons: den Trafalgar Square!

Im Jahre 1805 hatte **Horatio Nelson** die britische Flotte in der Schlacht von Trafalgar zum Sieg geführt, England damit die alleinige Seeherrschaft auf allen Weltmeeren gesichert und die Voraussetzung für Britanniens imperiale Größe im 19. Jh. geschaffen. Um einerseits den maritimen Strategen mit einem pompösen Denkmal zu ehren, andererseits aber auch die nationale Größe entsprechend herauszustellen, wurde nach Plänen von John Nash und unter der Bauaufsicht von Charles Barry zwischen 1830 und 1850 der Trafalgar Square gestaltet. Im Jahre 1842

Blick über den Trafalgar Square auf die National Gallery

hob man unter der begeisterten Anteilnahme der Bevölkerung die **Nelson-Statue** auf die 56 m hohe Säule. In Napoleon-Pose hält der Admiral seither Ausschau nach feindlichen Schiffen. Am Sockel dokumentieren vier Reliefs, die man aus dem Metall erbeuteter französischer Kanonen hergestellte, die bekanntesten Seeschlachten Nelsons. Die vier gewaltigen Bronzelöwen, die wie Schoßkätzchen dem Admiral zu Füßen liegen, gestaltete 1867 der Hof- und Tiermaler Sir Edwin Landseer und die Brunnen schließlich schuf 1939 der Architekt Edwin Lutyans.

An drei Ecken des Platzes erinnern die **Statuen von Georg IV.**, **Admiral Napier** und **General Havelock** an die einstige nationale Glorie des Empire.

Der vierte Sockel, der seit mehr als eineinhalb Jahrhunderten unbenutzt war, wird seit einer Entscheidung von 1998 nun regelmäßig Ausstellungsort von Arbeiten junger nationaler und internationaler Künstler sein. Derzeit sieht man die Arbeit „Nelson's Ship in a Bottle" des anglo-nigerianischen Künstlers Yinka Shonibare.

› Trafalgar Square, U-Bahn Charing Cross

❽ NATIONAL GALLERY ★★★ UND NATIONAL PORTRAIT GALLERY ★★ [K11]

An der Nordseite des Trafalgar Square befindet sich die von William Wilkens errichtete und 1838 eingeweihte **National Gallery**, eine der größten **Gemäldegalerien** der Welt, die aus mehreren kleinen Privatsammlungen hervorging. Zu besichtigen sind Werke der italienischen Malerei des 15. und 16. Jh. sowie holländische, flämische und französische Gemälde aus dem 17. Jh. Damit man nicht orientierungslos durch die Säle streift, sollte man sich anhand des Katalogs auf eine bestimmte Epoche konzentrieren oder sich nur den Werken von

LONDON ENTDECKEN
Das Westend

zwei oder drei Meistern zuwenden. Neben der permanenten Kollektion finden auch regelmäßig themenbezogene Sonderausstellungen statt, die entweder durch eigene Werke bestückt oder durch Leihgaben ergänzt werden.

An der Ostseite der National Gallery befindet sich der Eingang zur **National Portrait Gallery**, deren Besuch man während des Stadtrundgangs auf gar keinen Fall versäumen sollte: Porträts Tausender berühmter Engländer, nicht nur die Herrscher aller Epochen, sondern auch die Konterfeis von Wissenschaftlern, Künstlern, Literaten, Architekten, Politikern, Lebemännern und Abenteurern präsentieren sich dem Betrachter.

› National Gallery, Trafalgar Square, Tel. 77472885, www.nationalgallery.org.uk, tgl. 10–18, Fr bis 21 Uhr, U-Bahn Charing Cross

› National Portrait Gallery, St. Martin's Place, Tel. 73060055, www.npg.org.uk, tgl. 10–18, Do, Fr 10–21 Uhr, U-Bahn Charing Cross oder Leicester Square

❾ LEICESTER SQUARE ★ [K11]

Um die Ecke der National Portrait Gallery erreicht man über die Irving Street den Leicester Square und ist damit im **Zentrum der Londoner Theaterlandschaft**. Mehrere große **Kinos** säumen den Platz und in den umliegenden Straßen finden sich mehr als 30 Theater. Die Aufführungshäuser des Westends müssen kommerziell erfolgreiche Stücke spielen, sie werden von keiner Kulturbürokratie subventioniert. Alle Stücke bleiben so lange auf dem Spielplan, wie es ökonomisch notwendig und gewinnbringend ist.

Im Zentrum des Platzes ehrt eine Statue **Charlie Chaplin** und an den Ecken finden sich **Denkmäler berühmter Leute**, die hier gewohnt haben: William Hogarth, Joshua Reynolds und Isaac Newton. Täglich belagert von geduldig Schlange stehenden Briten ist der Kiosk, an dem es Theaterkarten für den gleichen Tag zum halben Preis gibt (s. S. 97). Hier befindet sich auch das **London Information Centre**, dessen Mitarbeiter alle Fragen der Besucher kompetent beantworten und auch Hotelbuchungen vornehmen (s. S. 97).

› U-Bahn Leicester Square

❿ COVENT GARDEN ★★★ [K11]

Nur einen Steinwurf vom Leicester Square entfernt und erreichbar über die Cranbourn Street liegt Covent Garden. Hier befindet sich Londons berühmtes Opernhaus und noch bis vor wenigen Jahren wurde hier der nicht minder berühmte Gemüsemarkt abgehalten. Die Bezeichnung Covent Garden geht auf „Convent Garden" zurück. Das Areal gehörte einst zur Westminster Abbey und die Mönche nutzten das **Gelände**

▶ *Am Leicester Square findet man gleich mehrere Kinos*

LONDON ENTDECKEN
Das Westend

für landwirtschaftlichen Anbau. Die Überschüsse ihrer Agrarproduktion verkauften die frommen Brüder an die Bevölkerung. Covent Garden ist also von jeher mit dem Markttreiben verbunden. 1830 baute der Architekt John Fowler die **Markthallen**, die einige Jahre später mit einer schönen gusseisernen Konstruktion überdacht wurden. Ab dann entwickelte sich Covent Garden Market zum größten Obst-, Gemüse- und Blumenmarkt des ganzen Inselreiches. 1974 verlegte man den Markt auf die südliche Themseseite nach Nine Elms. Fantasielose Stadtplaner wollten nun eine Kahlschlagsanierung einleiten, doch die Anwohner wehrten sich vehement gegen die Zubetonierung einer gewachsenen Umwelt. Der Protest zeigte Erfolg: Die Markthallen wurden renoviert und kleine **Kunsthandwerksgeschäfte, Pubs und Cafés** öffneten ihre Pforten.

Heute ist Covent Garden **eine der großen Attraktionen Londons**, ein urbanes Freizeitgebiet sondergleichen. Straßenmusikanten sorgen für die rechte Tonkulisse, Gaukler bringen Kinder wie Erwachsene zum Lachen, Feuerschlucker, Zauberer und Akrobaten halten die Zuschauer in Atem. Überall wird gegessen, getrunken, zugeschaut, gelacht und applaudiert.

In der Nähe der Markthallen befindet sich die **St. Paul's Church**. Der Duke of Bedford, der im 17. Jh. das Areal bebauen ließ, beauftragte den Architekten Inigo Jones mit dem Bau der Kirche. Da ihm mittlerweile das Geld ausgegangen war, wollte er „etwas Preiswertes" im Stil einer Scheune und Jones versprach ihm, die schönste Scheune von ganz England zu bauen. Herausgekommen ist ein rechteckiges Gotteshaus mit einem Giebeldach und einem Säulenvorbau. Zur Covent Garden Piazza hin zeigt sich eine Scheinfassade. Es war die erste anglikanische Kirche nach der Reformation. 4440 £ musste der Duke dafür berappen. 1795 brannte St. Paul's ab, wurde aber von Thomas Hardwick **originalgetreu wieder aufgebaut**. Im Innern erinnern viele **Gedenktafeln an bekannte Schauspieler**.
› U-Bahn Covent Garden

KLEINE PAUSE

○**124** [K11] **Lamb and Flag**, 33 Rose Street, off Garrick Street, U-Bahn Covent Garden. 300 Jahre alter Pub, früherer Name „The Bucket of Blood", da verbotene Boxkämpfe im oberen Stock stattfanden. Der Literat John Dryden schrieb hier Schmähgedichte gegen die französische Mätresse von Karl II.

▲ *In Covent Garden treten häufig Straßenkünstler auf*

▶ *Die königliche Familie trifft man wohl nur bei Madame Tussaud's*

LONDON ENTDECKEN
Das Westend

⓫ ROYAL OPERA HOUSE ★★ [K11]

Zwei Theatergebäude brannten bisher ab, das derzeitige dritte Opernhaus mit seinen korinthischen Säulen und dem darauf ruhenden Portikus wurde 1858 nach den Entwürfen von Edward Middleton Barry fertiggestellt. Berühmt ist die Londoner Oper für ihre **ausgezeichnete Akustik**, das Haus fasst 2000 Besucher. Mit der Gründung der **Royal Opera Company** 1946 und dem **Royal Ballet** zehn Jahre später steigerte die Oper ihr internationales Renommee noch einmal und gehört seitdem zu den besten Opernbühnen der Welt.

Darüber hinaus kann man im Restaurant seinen Lunch nehmen und in der schönen **Floral Hall** die anschließenden Drinks. Die Eingänge befinden sich an der Covent Garden Piazza und in der Bow Street.

> Covent Garden, Tel. 73844000 (Kartenverkauf, Mo–Sa 10–20 Uhr), www.royalopera.org, U-Bahn Covent Garden

⓬ MADAME TUSSAUD'S ★ [H10]

Wer sich in Covent Garden gestärkt hat, sollte nun noch einen Abstecher in das Viertel **Marylebone** machen. Der Stadtteil liegt nördlich vom Oxford Circus und wird von Tottenham Court Road, Edgware Road und Marylebone Road begrenzt.

Lange Besucherschlangen zeigen in der Marylebone Road an, wo sich das **Wachsfigurenmuseum** befindet. Die Schweizerin Madame Tussaud gründete 1770 ihre Figurenausstellung bedeutender Persönlichkeiten in Paris. Während der Französischen Revolution fertigte sie die Wachsmodelle berühmter Zeitgenossen direkt nach deren Hinrichtung an.

1802 übersiedelte Madame mit ihrer Sammlung nach England und 1835 wurde das Kabinett in London neu eröffnet.

Neben Politikern aus allen Epochen kann der interessierte Besucher auch Film- und Fernsehstars, Fußballgrößen sowie die Idole der Musikszene

bewundern, auch ein Horrorkabinett fehlt natürlich nicht.
> Marylebone Road, Tel. 0870 4003010, www.madame-tussauds.com, Mo–Fr 9.30–17.30, an Wochenenden und während der Schulferien 9–18 Uhr, Eintritt ab 25 £, U-Bahn Baker Street

13 REGENT'S PARK UND LONDON ZOO ★★ [H8]

Das 166 ha große Gelände des heutigen Regent's Park ließ Heinrich III. einst als Jagdareal anlegen, später verpachtete man viele Parzellen an die Bauern der Gegend. Anfang des 19. Jh. fiel der Boden an die Krone zurück und wurde 1811 von John Nash zu einem Park umgestaltet. Ein **künstlicher See** lädt zu Bootsfahrten ein und auf einem kleinen, flachen Teich können Kinder sich ebenfalls im Bötchenfahren üben. Es gibt einen **Spielplatz**, **Tennisplätze**, ein **Cricketgelände**, ein **Freilufttheater**, ein Restaurant sowie einen Stein- und einen Rosengarten, in dem mehr als 30.000 Rosen von über 400 verschiedenen Arten blühen.
> www.royalparks.gov.uk/tourists

Größte Attraktion des Regent's Park aber ist der Zoo, der 1828 von Sir Stamford Raffles und Sir Humphrey Davy **als erster Tierpark der Welt gegründet** und 19 Jahre später für die Öffentlichkeit zugänglich gemacht wurde. 1849 kam ein Reptilienhaus hinzu, 1853 ein Aquarium und 1881 ein Insektenhaus. Im Park findet man über 2200 Tiere aus 736 verschiedenen Arten. Dem Zoo angeschlossen ist die berühmte Forschungseinrichtung **Zoological Society of London**. Über 2 Mio. Besucher spazieren jedes Jahr durch dieses Freiluftgehege. Zoo und Regent's Park werden vom Grand Union Canal umflossen, von Little Venice 78 aus werden Bootsfahrten hierher angeboten.
> Outer-Circle, Regent's Park, Tel. 77223333, www.zsl.org/london-zoo, tgl. 10–16 Uhr, Eintritt ab 18 £, U-Bahn Baker Street oder Camden Town

WESTMINSTER

14 HORSE GUARDS ★ [K12]

Der Spaziergang durch Westminster beginnt am Trafalgar Square (U-Bahn Charing Cross), man folgt der Blickrichtung von Lord Nelson und biegt in die Straße Whitehall ein. Nach wenigen Schritten kommt auf der rechten Straßenseite eine weitere **Touristenattraktion** Londons in den Blick: die Horse Guards. Umlagert von fotografierenden Besuchern lassen die **berittenen Soldaten der königlichen Kavallerie** die Neckereien des Publikums stoisch über sich ergehen. Im Torbogen hält ein weiterer, bärenfellbehüteter **Soldat der königlichen Leibgarde** Wache.
> Whitehall, U-Bahn Charing Cross

KLEINE PAUSE

◯125 [K12] **Clarence**, 53 Whitehall. Neben den vielen normalen Biersorten wird auch ein spezielles, billiges „Guest Beer" gereicht. Im Winter, außerhalb der Touristensaison, größtenteils von den Angestellten des Verteidigungs- und Landwirtschaftsministeriums besucht, sommertags dagegen voll mit Touristen, die manchmal von einem Minnesänger unterhalten werden.

LONDON ENTDECKEN
Westminster

⓯ BANQUETING HOUSE ★★ [K12]

Gegenüber den Horse Guards liegt eines der architektonisch bedeutsamsten Bauwerke Londons: Banqueting House. Entworfen wurde das **Bankettgebäude** im palladianischen Stil 1619 von **Inigo Jones**. Jones war mit diesen Plänen seiner Zeit weit voraus, denn erst ein Jahrhundert später setzte sich in London auch bei anderen Architekten der **Palladianismus** durch. Banqueting House ist der einzig verbliebene Rest des ehemaligen Palastes von Westminster. Die großartigen Deckengemälde in dem 34 x 17 m großen Zeremonien- und Bankettsaal im Innern schuf **Peter Paul Rubens**, für dieses Werk wurde der flämische Künstler geadelt.

König Karl I., dessen absolutistische Politik gegen das Parlament zum Bürgerkrieg führte, wurde am 30. Januar 1649 vor Banqueting House geköpft. Seine Büste markiert im Treppenhaus die Stelle, wo Karl durch ein Fenster das Schafott betrat.

› Whitehall, Tel. 0870 7515178, www.hrp.org.uk, Mo-Sa 10-17 Uhr, Eintritt 4,80 £, U-Bahn Charing Cross

⓰ DOWNING STREET ★ [K12]

Weiter auf der rechten Straßenseite stoßen wir hinter dem **Home Office**, dem Innenministerium, auf ein schmales Gässchen, das in der Regel durch ein hohes schmiedeeisernes Gitter – vor über 20 Jahren auf Anordnung von Margaret Thatcher errichtet – abgesperrt ist: Downing Street. Seit dem Amtsantritt von Robert Walpole haben hier alle **britischen Premierminister in Haus Nr. 10** residiert. In Haus Nr. 11 hat der Schatzkanzler sein offizielles Domizil. Der Straßenname geht auf den Parlamentarier und üblen Bodenspekulanten Sir George Downing zurück, der die Häuser anlegen ließ.

An Downing Street schließt sich das **Foreign Office** (Außenministerium) an, gefolgt von **The Old Treasury**, dem Finanzministerium. Hier steht auf einem Mittelstreifen der Fahrbahn von Whitehall der im Jahr 1919 von Sir Edwin Lutyens geschaffene **Kenotaph**, ein Marmordenkmal, das an die Gefallenen des Ersten, später dann auch des Zweiten Weltkriegs erinnert.

› Downing Street, U-Bahn Westminster

⓱ HOUSES OF PARLIAMENT ★★★ [K12]

Whitehall öffnet sich auf den Parliament Square. Hier ragen die neogotischen Bauten der Londoner **Parlamentsgebäude** in den Himmel.

Die Ursprünge des englischen Parlaments datieren ins 13. Jh. Seit 1215, dem Jahr der **Magna Charta**, musste sich auch der König dem herrschenden Recht unterordnen und geistliche wie weltliche Würdenträger hatten für die damalige Zeit bedeutende Befugnisse. 1265 rief Simon de Montfort erstmals Vertreter des Adels, des Bürgertums und der Städte ohne den König selbst zusammen. 1295 fand das sogenannte **Model Parliament** statt. Der Herrscher benötigte nun das Einverständnis der Lords und Bischöfe sowie der Commons (dem Bürgertum), wenn er Kriege führen oder Steuererhöhungen durchsetzen wollte. Etwa ab 1375 gab es einen Sprecher, den *Speaker,* der als Vertreter der Commons deren Entscheidungen bekannt gab. Um 1450 erkannte der damalige Monarch die Standesvertretungen der Lords und der Commons endgültig an – ab nun gab es ein **Ober- und ein Unterhaus.**

Am 5. November 1605 trug sich in den Kellergewölben des Oberhauses der **Gunpowder Plot** („Pulververschwörung") zu. Guy Fawkes, ein konvertierter Katholik, wurde in letzter Minute dabei ertappt, wie er mittels einer großen Menge Schwarzpulver Jakob I., seine Minister und die Lords in die Luft sprengen wollte. Nach dem Anschlag sollte ein katholischer Monarch auf den Thron gesetzt werden. Fawkes und seine Mitverschwörer wurden hingerichtet, es geht aber das Gerücht um, der Geheimdienst selbst habe das Attentat vorbereitet, um die Katholiken in Misskredit zu bringen. Jedes Jahr nun werden vor der Parlamentseröffnung die Keller des Gebäudes nach einem festgelegten Ritual durchsucht und jährlich am 5. November haben am **Guy Fawkes Day** vor allem die Kinder ihren Spaß: Im gesamten Land werden Strohpuppen verbrannt, die Kleinen ziehen durch die Straßen, betteln um einen „Penny for the Guy" und singen: „Please to remember / The fifth of November / The gunpowder treason and plot. / I know no reason / Why gunpowder treason / Should ever be forgot."

Ähnlich berühmt ist im Inselreich die folgende Geschichte: Im Januar 1642 stürmte Karl I. in den Sitzungssaal des Unterhauses, um persönlich die Verhaftung von fünf unbotmäßigen Parlamentariern zu veranlassen. Aufgebracht verlangte der Herrscher vom Speaker Auskunft über die Volksvertreter. Der Sprecher antwortete: „Ich habe weder Augen, um zu sehen, noch Ohren, um zu hören, mit Ausnahme dessen, was mir das Haus anzuweisen beliebt". So gedemütigt, musste Karl den Rückzug antreten. Fortan war es allen Königen verboten, das Unterhaus zu betreten.

Im Oktober 1834 brannten die Parlamentsgebäude bis auf die Grundmauern nieder. Ein Wettbewerb zur **Neugestaltung** der Houses of Parliament wurde ausgeschrieben und der Architekt Charles Barry erhielt mit seinem neogotischen Entwurf den Zuschlag. 1840 begannen die 20 Jahre dauernden Bauarbeiten, 1847 konnten die Lords ins Oberhaus einziehen, 1852 hatten dann auch die Commons ihren Sitzungssaal. Den Uhrenturm **Big Ben** stellte man 1858 fertig. Weltberühmt und eines der Wahrzeichen Londons, ist er nach der größten Glocke benannt, die in ihm hängt. Das nicht minder berühmte Glockenspiel, das die Uhrzeit anzeigt und auch den Sendungen der BBC vorangestellt ist, gibt eine Klangfolge aus Händels „Messias" wieder. Übrigens: Wer nach Einbruch der Dunkelheit Big Ben passiert, sollte einen

LONDON ENTDECKEN
Westminster

Blick auf die Galerie oberhalb des Zifferblattes der Uhr richten: Brennt dort eine Lampe, dann tagt das Unterhaus noch. Der heutige Besuchereingang befindet sich im **Victoria Tower**, der 1860 vollendet wurde. Wer geduldig in der Schlange steht, kann ab 14.30 Uhr von den Besuchergalerien die Sitzungen verfolgen. In den Parlamentsferien von Anfang August bis Ende September sind das Unter- und das Oberhaus auf 75-minütigen geführten Touren zu besichtigen.

❯ Parliament Square, Ticket-Vorbuchungen für die geführten Sommer-Touren: Tel. 0844 8471627, www.parliament.uk, Eintritt 12 £, U-Bahn Westminster

Schräg gegenüber vom Victoria-Turm steht die aus dem 16. Jh. stammende Kirche **St. Margaret's**. In diesem Gotteshaus bestattete man 1491 Englands ersten Drucker, William Caxton, und 1618 trug man den hingerichteten Sir Walter Raleigh zu Grabe. 1908 gab Winston Churchill hier Caroline Hozier das Jawort. St. Maragret's gehört zusammen mit den Houses of Parliament und der Westminster Abbey zum **Weltkulurerbe der UNESCO**.

❯ Parliament Square, Broad Sanctuary, Tel. 72225152, Mo–Fr 9.30–17.30 Uhr, Sa 9–14 Uhr, So 13–17.30 Uhr, U-Bahn Westminster

⑱ WESTMINSTER ABBEY ★★★ [K12]

Einen Steinwurf von den Palamentsgebäuden entfernt erhebt sich die gewaltige Westminster Abbey – mit 400 Grabdenkmälern und 3000 Gedenktafeln eines der bedeutendsten historischen Bauwerke Großbritanniens und ein Meisterstück der englischen Gotik. Seit den Tagen Wilhelm des Eroberers – den man Weihnachten

▲ *Die Houses of Parliament*

◀ *Der Uhrenturm Big Ben – benannt nach seiner größten Glocke*

1066 in der Abtei zum König ausrief – fanden die **Krönungsfeierlichkeiten** für alle englischen Monarchen in Westminster Abbey statt. Bis hin zu Georg II. (1760) wurden bis auf wenige Ausnahmen alle Herrscher in diesem Gotteshaus bestattet.

Schon im 7./8. Jh. soll an dieser Stelle eine Kirche gestanden haben. Der angelsächsische König Eduard der Bekenner ließ dann 1050 mit dem Bau eines neuen Gotteshauses und eines Klosters beginnen. Um für den heiliggesprochenen Eduard eine angemessene Grabstätte zu errichten, befahl Heinrich III., einen Teil der Kirche niederzureißen, und beauftragte den Baumeister **Henry von Reyns** mit neuen Plänen. Dieser nahm die französischen Kathedralen von Reims und Amiens zum Vorbild und gestaltete innerhalb von zehn Jahren Chor, Querschiffe und Teile des Hauptschiffs. Rund 100 Jahre ruhten dann die Arbeiten, die anschließend von **Henry Yevele** weitergeführt wurden. Yevele war souverän genug, um nicht im nun vorherrschenden *Decorated Style* fortzubauen, sondern hielt sich strikt an die ursprünglichen Pläne von Reyns, die der **Early-English-Gotik** verhaftet waren. In den folgenden Jahrhunderten befassten sich dann **Christopher Wren** und **Nicholas Hawksmoor** mit der weiteren Ausgestaltung der Abtei.

Die 156 m lange und 61 m breite Westminster Abbey hat den Grundriss eines lateinischen Kreuzes und ist über 30 m hoch. Das **Westportal** zeigt ein Denkmal für den Premierminister William Pitt d. J. (1759–1806). Am ersten rechten Pfeiler hinter dem **Eingang** hängt ein Porträt von Richard II., das um 1370 entstand und als ältestes Königsgemälde gilt. Rechts vom Portal liegt die St. George's Chapel, die dem Andenken der Gefallenen des Ersten Weltkriegs gewidmet ist. Hinter dem Hauptportal ehrt eine Grabplatte Winston Churchill, direkt dahinter ruht in einem schlichten Grabmal ein in französischer Erde bestatteter, unbekannter Soldat, der am 11. November 1920 hier beigesetzt wurde. Das Datum markiert alljährlich den *Remembrance Day,* den Volkstrauertag. Keineswegs darf man die Grabplatte betreten, selbst während der Krönungsfeierlichkeiten macht die Prozession des Monarchen einen Bogen um die geweihte Stelle.

Im **Hauptschiff** befinden sich viele Gedenksteine, u. a. für den Afrikaforscher David Livingstone, die Architekten Charles Barry und Gilbert Scott, den „Vater" der Dampfmaschine, Robert Stephenson, sowie für den Premierminister Neville Chamberlain.

Die Wand des **südlichen Seitenschiffs** zeigt ein Denkmal für den Schriftsteller Thomas Hardy. Im Schiff befindet sich auch die reich dekorierte Orgel. Eine prachtvoll vergoldete Chorschranke trennt das Schiff vom Chor ab. Rechts vom Orgelchor ehrt ein Denkmal den Feldherrn James Earl of Stanhope, links zeigt eine Statue Isaac Newton.

Im **südlichen Querschiff** befindet sich ein Shakespeare-Monument, weiterhin geehrt werden hier der Shakespeare-Darsteller David Ganick, der Historiker Thomas B. Macauly, der Hofkomponist Georg Friedrich Händel sowie die Schriftsteller Charles Dickens und Rudyard Kipling.

Ebenfalls im südlichen Querschiff sollte man vor dem **Poetenwinkel** verweilen, denn hier wird das Andenken

▶ *Westminster Abbey – Krönungskirche der englischen Monarchen*

an die Größen der englischen Literatur lebendig gehalten: Geoffrey Chaucer, Robert Browning, Alfred Lord Tennyson, Henry Wadsworth Longfellow, John Dryden, Wystan Hugh Auden, Dylan Thomas, Lewis Caroll, Thomas Stearns Eliot, Lord Byron und Ben Jonson, der sich, um Platz zu sparen, auf eigenen Wunsch stehend bestatten ließ. John Gay, Autor der „Beggar's Opera", zeigte Humor, als er seinen Gedenkspruch im Voraus formulierte: „Life is a jest and all things show it, I thought so once and now I know it." (Das Leben ist ein Scherz und alle Dinge zeigen dies, ich ahnte es, nun weiß ich es).

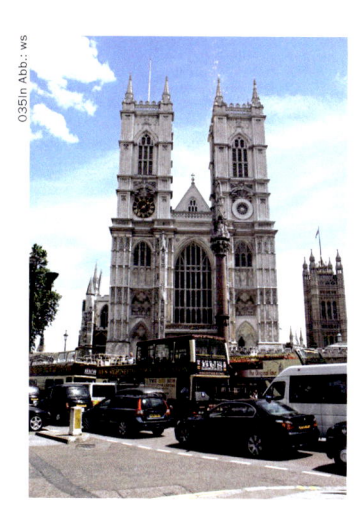

Erst im Jahr 1995 wurde im Glasfenster über dem Poetenwinkel Oscar Wilde in die Dichterliste von Westminster Abbey aufgenommen. Die Autoritäten der Abteikirche hatten sich wegen seiner Homosexualität jahrzehntelang geweigert, ihn zu ehren. Auch eine der größten Schriftstellerinnen des 20. Jh. wird hier nicht geehrt: Virginia Woolf war durch Selbstmord aus dem Leben geschieden.

Im **Altarraum** finden seit eh und je die Krönungsfeierlichkeiten statt. Das Ritual datiert aus den 70er Jahren des 10. Jh. und ist bis heute unverändert geblieben. In der **St. Benedict's Chapel** liegt Simon Langham, 1376 verstorbener Erzbischof von Canterbury, begraben, in der Kapelle von Heinrich V. wird eine Darstellung der Krönungsfeierlichkeiten aufbewahrt. In der **St. Edward's Chapel** ruht Eduard der Bekenner, der einzig heiliggesprochene Herrscher Englands, sein gewaltiges Grabdenkmal datiert aus dem Jahre 1270. In dieser Kapelle sind noch weitere Monarchen zur letzten Ruhe gebettet. Von großartiger Ausstattung ist die **Kapelle von Heinrich VII.**, der hier mit seiner Königin Elisabeth von York ruht. Im Jahre 1612 schuf man das Grabmal für die schottische Königin Maria Stuart, die 1587 auf Befehl Elisabeths I. hingerichtet wurde. Beeindruckend ist auch der Sarkophag von Elisabeth I., neben ihr liegt ihre Halbschwester Maria I., die auch „Bloody Mary" genannt wurde, begraben. Im **nördlichen Querschiff** erinnern im *Statesmen's Corner* Statuen und Grabplatten an bekannte Politiker. Im **nördlichen Seitenschiff** wird der General Charles James Fox geehrt, der für die Ideale der Französischen Revolution, für die Rechte der amerikanischen Kolonien sowie für die Abschaffung der Sklaverei eintrat.

Hat man seinen Rundgang beendet, so gelangt man vom südlichen Querschiff aus in den **Kreuzgang** der einstigen **Klosteranlagen.** Die Mönche, die hier in früheren Zeiten ihr Tagewerk verrichteten, galten als äußerst geschäftstüchtig. Von jeher versuchten sie, in der Hoffnung auf Spendengelder durch Reliquienausstellungen fromme Pilger anzuziehen. Auch zeigten die gläubigen Brüder den Besuchern die Skelette von verstorbenen hohen Persönlichkeiten und modellierten sogar Wachsfiguren – noch lange bevor Madame Tussaud auf diese Idee kam.

Westminster Abbey war die berühmte Schule **Westminster School** angegliedert, die Elisabeth I. 1560 ins Leben rief. Bedeutende Leute verbrachten hier ihre Kindheit, so z. B. die Schriftsteller Ben Jonson, John Dryden, der Fanny-Hill-Autor John Cleland, der Philosoph John Locke sowie Henry Mayhew, der Gründer der satirischen Zeitschrift „Punch".

Parliament Square, gegenüber der Abbey gelegen, ist geschmückt mit den Statuen bekannter Politiker: Eine gewaltige Plastik zeigt einen geradezu furchteinflößenden Winston Churchill: Der große Premierminister beugt sich bulldoggenartig und drohend gegen das Palamentsgebäude. Eleganter dagegen kommt die Statue des Premiers Palmerstone daher. Es heißt, sie sei die „best-dressed statue in London" (die bestangezogenste Statue in London) und ein Witzbold empfahl einst sämtlichen Schneidern des Inselreichs, zu diesem Denkmal zu pilgern. An der westlichen Seite des Platzes finden wir den amerikanischen Präsidenten Abraham Lincoln: Sein Abbild stifteten amerikanische Bürger.

› Broad Sanctuary, Dean Yard, Tel. 72225152, www.westminster-abbey.org, Mo, Di, Do, Fr 9.30–16.30, Mi 9.30–19, Sa 9.30–14.30 Uhr, Einlass jeweils bis eine Stunde vor Schließung, Eintritt 15 £, U-Bahn Westminster

▶ *Der St. James Park vor großartiger Häuserkulisse*

⓲ CABINET WAR ROOMS UND CHURCHILL MUSEUM ★★★ [K12]

Wenn man den Parliament Square überquert, nach links in die Great George Street und sofort wieder nach rechts in die Horse Guards Road einbiegt, erreicht man nach wenigen Metern rechter Hand eine Außenstelle des **Imperial War Museum**, die Cabinet War Rooms. Man sollte sich diese bombensichere, unterirdische **Befehlszentrale von Winston Churchill** unbedingt ansehen. Während des Zweiten Weltkriegs war hier der Kommandostab des Premierministers untergebracht – alles ist originalgetreu erhalten. Jeder Besucher wird mit einem Audioguide (auch in deutscher Sprache) ausgerüstet, mit dessen Hilfe man durch das Labyrinth geführt wird. Angeschlossen ist das **Churchill Museum**, das die politischen Leistungen und das Leben des Kriegspremiers u. a. mithilfe eines riesigen illuminierten und interaktiven Informationstisches würdigt.

› Clive Steps, King Charles Street, Tel. 79306961, http://cwr.iwm.org.uk, tgl. 9.30–18 Uhr, Einlass bis eine Stunde vor Schließung, Eintritt 14,95 £ (Kinder unter 16 Jahren frei), U-Bahn Westminster

⓴ HORSE GUARDS PARADE ★ [K12]

Spaziert man die Horse Guards Road weiter geradeaus, so öffnet sich nach rechts der **Exerzierplatz** Horse Guards Parade, auf dem eine Statue an einen der letzten großen Kolonialoffiziere erinnert: Lord Louis, Earl Mountbatten of Burma (1900–1979), 1944 Befehlshaber der englischen Truppen in Burma, 1947 letzter Vizekönig von Indien, später Oberbefehlshaber der britischen Atlantik- und Mittelmeerflotte, 1. Seelord, Großadmiral und Chef des Verteidigungsstabes.

Dort nimmt die Königin alljährlich am 10. Juni zu ihrem offiziellen Geburtstag die Truppenparade „**Trooping the Colour**" ab. Der wirkliche Geburtstag der Queen ist der 21. April, aber an diesem Tag ist das Wetter für ein öffentliches Freiluftspektakel in der Regel zu schlecht. Die **Fahnen- und Bannerparade** wurde erstmals 1755 abgehalten und seither jedes Jahr zum Geburtstag des Herrschers wiederholt. Damals lag der tiefere Sinn darin, dass sich die Soldaten an die Farben gewöhnten, die sie auf dem Schlachtfeld trugen.

› Horse Guards Road, U-Bahn Westminster

㉑ ST. JAMES'S PARK ★ [J12]

St. James's Park ist **der älteste der königlichen Gärten** von London und mit „nur" 23 ha auch der kleinste. Die Anlage geht auf Heinrich VIII. zurück, der im 16. Jh. einen Sumpf zwischen dem St. James's Palace und Whitehall trockenlegen ließ. 1662 machte Karl II. ihn für die Öffentlichkeit zugänglich. Anfang des 19. Jh. verwandelte der Architekt James Nash die Entwässerungskanäle in einen langgestreckten See um und veränderte auch die Bepflanzung. Ein Restaurant sorgt heute für das leibliche Wohl und im Sommer spielen in einem Musikpavillon wechselnde Orchester.

› U-Bahn Westminster, www.royalparks.gov.uk/tourists

㉒ BUCKINGHAM PALACE ★★★ [J12]

The Mall läuft auf Buckingham Palace zu. Vor der königlichen Residenz ragt das schneeweiße Marmordenkmal für Königin Victoria auf, das **Victoria Memorial.** Mit leicht blasiertem Gesichtsausdruck schaut die Queen, die als 18-Jährige den Thron bestieg und 64 Jahre lang (1837–1901) regierte, auf den Betrachter.

LONDON ENTDECKEN
Westminster

Hinter dem Victoria Memorial erstreckt sich das Areal des **Buckingham Palace,** hier residiert die britische Königin. Ist die Queen daheim, so weht die royale Standarte vom Dach des Palastes.

Zu Beginn des 18. Jh. hatte der Duke of Buckingham an dieser Stelle ein hochherrschaftliches Gebäude errichten lassen, rund 70 Jahre später erwarb die Krone das Haus und Georg IV. beauftragte John Nash mit einer prachtvollen Umgestaltung.

1837 zog dann Königin Victoria als erste britische Monarchin in Buckingham Palace ein. Vom Balkon des Ostflügels zeigt sich die Königliche Familie bei offiziellen Anlässen und nimmt die Jubelrufe der Untertanen huldvoll entgegen.

Etwa jeden zweiten Tag findet unter der begeisterten Anteilnahme Tausender von Touristen um 11.30 Uhr die Wachablösung **„The Changing of the Guard"** im Vorhof des Palastes statt (bei Regenwetter und im Winter fällt das Ereignis allerdings schon einmal aus).

Von Ende Juli/Anfang August bis Ende September lässt Königin Elisabeth nun auch Besucher in ausgewählte Räume ihrer Residenz. Der Ticketverkauf findet am Besuchereingang in der Buckingham Palace Road statt. Man kann die **State Rooms** besichtigen oder mit einem Kombiticket zusätzlich noch die **Royal Mews** und die **Queen's Gallery.** Die Eintrittszeit auf dem Ticket darf man nicht versäumen, da ansonsten kein Einlass mehr gewährt wird.

› Geöffnet: August/Sept. tgl. außer Fr 11–16 Uhr (letzter Einlass 15.15 Uhr), Eintrittskarten tgl. im Ticket Office am Besuchereingang in der Buckingham Palace Road, Ticketreservierung unter Tel. 77667300, www.royal.gov.uk, Eintritt 17,50 £ (State Rooms) bzw. 31 £ (State Rooms, Royal Mews and Queen's Gallery), Terminkalender des Wachwechsels auf www.changing-the-guard.com, U-Bahn Charing Cross oder Green Park

▲ *„The Changing of the Guard" vor dem Victoria Memorial*

BLOOMSBURY

Bis zur Eröffnung des Britischen Museums Mitte des 18. Jh. war Bloomsbury ein verschlafenes, kleines Dörfchen weit außerhalb der City-Mauern. Wegen der von Ärzten hoch geschätzten, guten Luft bauten sich hier einige adlige Familien große Landhäuser, sogenannte *mansions,* ansonsten war die Gegend nur bei denjenigen beliebt, die in sicherer Entfernung von der Obrigkeit ihre Duelle ausfechten wollten.

㉓ BRITISH MUSEUM ★★★ [K10]

Von der U-Bahn-Station Tottenham Court Road erreicht man entlang der Great Russel Street nach wenigen Minuten Fußweg eines der bedeutendsten Schatzhäuser der Welt: das Britische Museum. Begründet wurde das Museum von **Sir Hans Sloane**, der zu Beginn des 18. Jh. ein bekannter Arzt war. Sloane selbst litt an einer unstillbaren Sammelleidenschaft und als er im Jahre 1753 starb, hinterließ er eine Sammlung von rund 80.000 Stücken, die er der britischen Nation vermachte, allerdings unter der Voraussetzung, dass man einen geeigneten Aufbewahrungsort bereitstellte.

Am 15. Januar 1759 öffnete das Ausstellungsgebäude im ehemaligen Montagu House seine Pforten. Gezeigt werden herausragende Exponate aus Afrika, Amerika, Asien, Großbritannien, Europa, Japan, aus dem Mittleren Osten und der Pazifikregion.

Sir Norman Foster, der britische Stararchitekt, der auch den Reichstag in Berlin umbaute, zeichnete verantwortlich für die **Umgestaltung des Great Court** im Jahr 2000. Dieser Innenhof des Britischen Museums, in dessen Mitte sich der **Reading Room** befindet, zeigt nun wieder die ursprünglichen umgebenden Gebäudefassaden und ist mit einem gigantischen Glasdach bedeckt, aus dessen Mitte die Kuppel des Lesesaales herausragt. Dadurch, dass der Hof nun von allen Seiten zu betreten ist, sind die unterschiedlichen Museumsflügel leichter zugänglich. Zudem befinden sich im Great Court einige Cafés und der Hof hat fast den Charme einer mediterranen Piazza, auf der es sich

---

KLEINE PAUSE

🚇 **126** [K10] **Museum Tavern,** 49 Great Russel Street, U-Bahn Tottenham Court Road. Gegenüber dem Britischen Museum gelegen und daher gern von dessen Personal sowie von den Besuchern frequentiert. George Orwell und Karl Marx becherten hier nach ihren Studien im Museum.

EXTRATIPP

Sicilian Avenue
In den kleinen Gassen rund um das Britische Museum finden sich viele **Verlagsbuchhandlungen, Antiquariate und Antiquitätengeschäfte.** Die Great Russel Street führt vom Museum zum Bloomsbury Square, der wie alle Plätze dieses Viertels von eleganten Stadthäusern im georgianischen Stil umgeben ist.

Gegenüber vom Bloomsbury Square verläuft die kurze, elegante und schön anzusehende **Sicilian Avenue.** Wenn man hier im Sommer zwischen den kleinen Geschäften und den kachelverkleideten Häuserfronten einen Imbiss nimmt oder einen Kaffee trinkt, kommt eine mediterrane Atmosphäre auf.

LITERATEN IN BLOOMSBURY

Nördlich vom Bloomsbury Square schließen sich Russel, Woburn, Tavistock und Gordon Square an - alle umgeben von eleganten Stadthäusern, sogenannten „Terraces". Die Plätze sind durch ruhige Wohnstraßen miteinander verbunden. Viele bedeutende Literaten wirkten in dieser Gegend. Am Gordon Square Nr. 46 lebte zwischen 1904 und 1907 **Virginia Woolf,** *der Ökonom* **John Maynard Keynes** *hatte eine Wohnung in Nr. 46. 1924 siedelte Virginia Woolf mit ihrem Mann Leonard sowie dem Verlag „Hogarth Press" zum Tavistock Square Nr. 52 über. Hier tagten auch die Mitglieder der berühmten* **Bloomsbury Group,** *deren Schriftsteller, Maler und Künstler gegen den Spätviktorianismus Britanniens agierten.* **D. H. Lawrence, T. S. Eliot** *und* **Bertrand Russel** *kamen oft hierher.*

Viele weitere große Literaten schätzten die Atmosphäre von Bloomsbury. **Aldous Huxley** *lebte am Regent Square Nr. 36,* **William Butler Yeats** *hatte Quartier am Woburn Walk bezogen. Die Krimiautorin* **Dorothy Sayers** *wohnte 44 Mecklenburgh Square, und T. S. Eliot arbeitete von 1925-1965 als Lektor im Verlag „Faber & Faber" in 24 Russel Square. In der Doughty Street schließlich schrieb* **Charles Dickens** *einige seiner Romane. In diesem Gebäude befindet sich heute das* **Charles Dickens Museum** *(s. S. 30), in dem man Möbel und viele Memorabilien des sozial engagierten Schriftstellers besichtigen kann.*

bei einem Kaffee oder Tee gut sitzen lässt, um neue Energie für die weitere Besichtigung zu tanken. Auch der Reading Room ist für Besucher nun ständig zugänglich und beinhaltet ein Dokumentationszentrum mit 25.000 Nachschlagewerken zu den Exponaten des Hauses.

› Great Russell Street, Tel. 73238920, www.thebritishmuseum.ac.uk, Great Court So-Mi 9 -18 Uhr, Do-Sa 9 -23 Uhr; Galleries tgl. 10 -17.30 Uhr, Do/Fr 10 -20.30 Uhr, U-Bahn Tottenham Court Road

RUND UM DEN TOWER OF LONDON

㉔ TOWER OF LONDON ★★★ [P11]

Der Tower von London ist nicht nur wegen der hier aufbewahrten **Kronjuwelen** eine touristische Attraktion ersten Ranges. Um die berühmtberüchtigte und gut erhaltene Festungsanlage ranken sich wahrhaft blutrünstige Geschichten und Legenden, denn hier hat sich ein großer Teil der politischen Historie des Landes abgespielt.

Das rund 7 ha große Gelände des Tower ist ein eigenständiger **Freibezirk** (Liberty) und als königlicher Palast der Kronverwaltung unterstellt. Die **Beefeater,** die berühmte Wachtruppe der Festung, sind Armee-Veteranen und als *Yeomen of the Guard* (königliche Leibgardisten) dem königlichen Personal zugehörig.

▶ *Der White Tower, das älteste Gebäude des Tower of London*

Ursprung des Towers ist ein **Holzfort**, das der bei Hastings siegreiche Normanne William the Conqueror (Wilhelm der Eroberer) im Jahre 1066 an dieser Stelle errichten ließ. 12 Jahre später entstand der steinerne **White Tower** (der nur leicht von Christopher Wren verändert wurde). Ende des 12. Jh. erweiterte Richard Löwenherz die Festung und Heinrich III. und Eduard I. gaben dem Tower schließlich im Wesentlichen **seine heutige Gestalt**.

Man betritt die Festung durch den **Middle Tower**, ein Torhaus aus dem 14. Jh. Hinter einem breiten Graben folgt der äußere Mauerring mit mehreren Wachttürmen. Durch das „Verrätertor", **Traitor's Gate**, brachte man in jenen blutrünstigen Tagen die Gefangenen in die Festung. Im **Queen's House**, einem von Heinrich VIII. für Anne Boleyn errichteten Fachwerkgebäude (dessen Fertigstellung die Königin aber schon nicht mehr erlebte), ist heute die Amtswohnung des Kommandanten eingerichtet. In den **New Armouries**, dem aus dem 17. Jh. datierenden Zeughaus, sind Waffen des 18. und 19. Jh. aus aller Herren Länder ausgestellt. Daneben befindet sich das frühere Hospital der Festung. Das **Royal Fusiliers' Museum** beherbergt Uniformen und Ehrenabzeichen dieser Truppengattung und in den im 19. Jh. errichteten **Waterloo Barracks** kann man in der Oriental Gallery u. a. den Kriegspanzer eines Kampfelefanten besichtigen. Im **Heralds Museum** hat der interessierte Besucher Gelegenheit, Wappenstudien zu betreiben und der White Tower, im Zentrum der Anlage gelegen, zeigt eine **Waffensammlung**, die Kriegsinstrumente vom 16. Jh. bis zum Ersten Weltkrieg beherbergt.

Größte Attraktion des Festungskomplexes aber ist das **Jewel House**, Aufbewahrungsort der Kronjuwelen, eines der bestbewachten und -gesicherten Gebäude der Welt. Fast alle der hinter Panzerglas ausgestellten Exponate stammen aus der Zeit nach 1660, da Oliver Cromwell während

Rund um den Tower of London

des Bürgerkriegs die Preziosen verkaufen und die goldenen Schmuckstücke einschmelzen ließ. Von unschätzbarem Wert ist etwa die St. Edward's Crown, 1660 für Karl II. aus purem Gold gearbeitet.

› The Tower of London, Tel. 0844 482777, www.hrp.org.uk, März–Okt. Di–Sa 9–17.30, So/Mo 10–17.30, Nov.–Febr. Di–Sa 9–16.30, So/Mo 10–16.30 Uhr, Eintritt 18,70 £, U-Bahn Tower Hill

㉕ ST. KATHERINE'S DOCK ★★ [P11]

Auf der gleichen Flussseite wie der Tower und von diesem durch die breite Straße Tower Bridge Approach abgetrennt, befindet sich St. Katherine's Dock, der am weitesten stadteinwärts gelegene **Hafenteil** der alten Londoner Docklands. Es war der erste Teilbereich der Kais, der renoviert wurde und der Erfolg dieser Maßnahme sorgte dafür, dass die gesamten Docklands dann umfassend restauriert und teilweise neu bebaut wurden. Heute liegen in den Hafenbecken moderne Motor- und Segelyachten neben historischen Schiffen vor Anker. Regelmäßig öffnen sich die Schleusen und die Hebebrücke, um Seglern den Weg in die drei Hafenbecken freizugeben. Von den Galerien des alten Fachwerkgasthofes Dickens Inn (s. S. 26) hat man sommertags einen guten Blick auf die Kais, während man in aller Ruhe neue Kraft bei einem Bier oder Lunch sammelt.

› U-Bahn Tower Hill

㉖ TOWER BRIDGE ★★★ [P11]

Londons berühmteste Brücke wurde 1894 eingeweiht, für Entwurf und Bauleitung zeichneten Sir Wolfe John Barry und Sir Horace Jones verantwortlich. Die beiden **Zugbrücken** können – wenn es sein muss – innerhalb von nur 90 Sekunden geöffnet werden.

Seit 1982 sind die Brückentürme sowie die technischen Anlagen im Fundament des Südturms **der Öffentlichkeit zugänglich**, auch der Verbindungssteg hoch über der Fahrbahn kann begangen werden und bietet eine atemberaubende Aussicht auf den Fluss und die Stadt.

› Tower Bridge Approach, Tel. 74033761, www.towerbridge.org.uk, April–Sept. tgl. 10–18.30 Uhr, Okt.–März tgl. 9.30–18/18.30 Uhr (letzter Einlass eine Stunde vor Schließung), Eintritt 7 £, U-Bahn Tower Hill

㉗ BUTLER'S WHARF ★ [P12]

Auf der östlichen Seite der Tower Bridge steigt man nun die Stufen abwärts. Das Sträßchen Shad Thames verläuft schnurgerade durch die renovierten **ehemaligen Magazin- und Speicheranlagen** von Butler's Wharf.

◂ *Die imposante Tower Bridge überspannt die Themse*

LONDON ENTDECKEN

Rund um den Tower of London

Durch mehrere Hausdurchgänge gelangt man an das Ufer der Themse, an dem sich mehrere Restaurants befinden, bei denen man im Sommer direkt am Themseufer bei schönem Ausblick dinieren kann (s. S. 23).

Zwischen Butler's Wharf und dem Fluss befindet sich am Ufer der Themse eine riesige **Skulptur** des in England hoch geachteten, italienischstämmigen Künstlers **Eduardo Paolozzi** (1924–2005), ein auf der Seite liegender Kopf, in dessen mechanisches Gehirn man einblicken kann.

› Butler's Wharf, U-Bahn Tower Hill

㉘ HMS BELFAST ★★★ [O11]

Folgt man dem Uferpfad flussaufwärts und unterquert dabei die Tower Bridge ㉖, fällt der Blick auf ein seltsam anmutendes Gebäude. Es beherbergt Büros des Londoner Bürgermeisters (**City Hall**). Daneben befindet sich die neue County Hall für die **Stadtverwaltung**. Der Gebäudekomplex wurde von Sir Norman Foster entworfen.

Ebenfalls nicht zu übersehen, liegt vor den Gebäuden die HMS Belfast vor Anker. Dieser 1938 in Dienst gestellte letzte große Kreuzer der Royal Navy lief bei seinem ersten Einsatz auf eine Mine und wurde schwer beschädigt. Erst Ende 1942 waren die Reparaturarbeiten abgeschlossen. Das Kriegsschiff sicherte Geleitzüge und war mit an der Versenkung des deutschen Kreuzers Scharnhorst beteiligt. 1944 unterstützte die Belfast die Landung der Alliierten in der Normandie, nach dem Zweiten Weltkrieg versah sie ihren Dienst in Fernost. 1971 machte man den „Veteranenkreuzer" als **Museumsschiff** der Öffentlichkeit zugänglich.

› Morgan's Lane, Tooley Street, Tel. 0207 9406300, http://hmsbelfast.iwm.org.uk, März–Okt. tgl. 10–18 Uhr, Nov.–Febr. tgl. 10–17 Uhr, Eintritt 12,95 £, U-Bahn London Bridge Station

Bei der Belfast lohnt **Hay's Wharf** einen Besuch. In den **ehemaligen Magazinhallen** locken **Pubs, Restaurants** und **Geschäfte**. Früher fuhr ein komplettes Segelschiff zwischen die beiden Speicherhallen und konnte von beiden Seiten be- oder entladen werden. Ein Glasdach überspannt heute den Bau und ein Brunnen in Form eines Seglers erinnert an die vergangenen Tage.

› Tooley Street, U-Bahn London Bridge Station

EXTRATIPP

Winston Churchill's Britain at War Experience
In der Tooley Street gibt die Winston Churchill's Britain at War Experience mit diversen Ausstellungsstücken und Geräuschkulisse einen Eindruck davon, wie der Kriegsalltag der Londoner von 1939 bis 1945 aussah (s. S. 31).

London Dungeon
In den Arkaden des Bahnhofes London Bridge ist das London Dungeon untergebracht, das die mittelalterlichen Folter- und Hinrichtungspraktiken drastisch zeigt, den Großen Brand von London 1666 schauerlich ins Szene setzt, sich umfassend der Morde von Jack The Ripper widmet und die Schrecken der Pest wiederaufleben läßt.

127 [O12] **London Dungeon,** 28 Tooley Street, www.thedungeons.com, Tel. 74037221, U-Bahn London Bridge Station, tgl. 9.30–18 Uhr, Eintritt 20,50 £ (Kinder 15.61 £)

SOUTHWARK UND BANKSIDE

㉙ GEORGE INN ★ [O12]

Im George Inn Yard, der von der Borough High Street abgeht, erreicht man eine berühmte Taverne: das George Inn, der einzige noch in London verbliebene **Postkutschengasthof mit Galerien**. Der gut renovierte alte Gasthof vermittelt eine Vorstellung von den Inns der damaligen Zeit: Im Erdgeschoss befand sich der Schankraum, die mit Galerien versehenen oberen Stockwerke beherbergten die Gästezimmer. Das Gebäude datiert vom Ende des 17. Jh.

Im George Inn Yard führte William Shakespeare übrigens seine ersten Schauspiele auf – dann drängten sich die Zuschauer auf den Galerien des Gasthofes, um zu verfolgen, was sich im Innenhof tat.

› 77 Borough High Street, Tel. 74072056, U-Bahn London Bridge Station

㉚ SOUTHWARK CATHEDRAL ★★★ [O11]

Wenden wir uns nun der Southwark Cathedral zu, dem Londoner „**Geschichtsbuch in Stein**". Bereits vom 6. bis zum 13. Jh. hatte es hier eine Kirche gegeben, die dann nach einem Brand in **gotischer Bauweise** neu errichtet wurde. Von der Reformation, Mitte des 16. Jh., bis zum Jahre 1905 war sie als Pfarrkirche dem heiligen Saviour geweiht. 1905 avancierte die Kirche unter der Bezeichnung Southwark Cathedral zum Mittelpunkt der Diözese von Southwark. Heute präsentiert sich die Kathedrale mit ihrem mächtigen Vierungsturm neben der Westminster Abbey als eine der schönsten gotischen Kirchen der Stadt London.

Im Innern sind vor allem die vielen **Grabdenkmäler** von Interesse. Im nördlichen Seitenschiff ruht der Dichter John Gower, Zeitgenosse und Freund von Geoffrey Chaucer sowie Hofpoet von Richard II. und Heinrich IV. Der Kopf der Grabfigur liegt auf den drei bekanntesten Werken des Autors. Weiterhin ist hier das **Trehearne Monument** zu besichtigen, das John Trehearne, einen hohen Hofbeamten von James I., sowie seine Familie in zeitgenössischen Kostümen zeigt. Ein weiteres Grabmal ehrt den Londoner Ratsherrn Richard Humble und seine zwei Frauen. Im südlichen Seitenschiff erinnert das 1911 eingeweihte **Shakespeare Monument** an die Verbundenheit des Dichters mit Southwark. Die Alabasterfigur des großen Literaten liegt lang ausgestreckt auf der Seite, dahinter erkennt man in einem Relief die Southwark-Kulisse vom Globe bis zur Kathedrale, wie sie in der elisabethanischen Ära wohl aussah. Vom nördlichen Seitenschiff aus gelangt man in die **Harvard Chapel**. John Harvard, 1607 in St. Saviour getauft, gründete in den USA die berühmte Harvard University, die kleine Kapelle entstand mit amerikanischen Spendengeldern.

› Montague Close, Tel. 73676700, www.southwark.anglican.org/cathedral, Mo–Fr 7.30–18 Uhr, Sa/So 8.30–18 Uhr, U-Bahn London Bridge Station

---

KLEINE PAUSE

Fisch essen in Southwark
Direkt neben der Kathedrale lohnt das gute Fischrestaurant **Fish!** (s. S. 21) zur Lunch- und Dinnerzeit einen Besuch.

Southwark und Bankside

③① GOLDEN HINDE ★ [O11]

Verlässt man den Kirchgarten durch das nördliche Tor, erkennt man rechter Hand die Masten des Seglers Golden Hinde, der hier im **St. Mary Overie Dock** als Touristenattraktion vor Anker liegt.

Der Dreimaster ist ein **originalgetreuer Nachbau** der Golden Hinde, jenes Schiffes, mit dem Sir Francis Drake von 1577 bis 1580 die Welt umsegelte. 1973 lief der absolut seetüchtige Segler vom Stapel. Vier Jahre später diente er als Piratenschiff in dem Film „Swashbuckler", 1979/80 umrundete die moderne Golden Hinde auf der gleichen Route wie 400 Jahre zuvor Sir Francis Drake die Welt und diente dann als Handelsschiff in dem Fernsehfilm „Shogun". Weitere Reisen führten den Segler durch den Panamakanal und an die kanadische Westküste sowie in die Karibik. Die Golden Hinde ist 37 m lang, der Hauptmast hat eine Höhe von 27 m, und die Segelfläche umfasst 386 m². Die maximale Geschwindigkeit beträgt 8 Knoten oder 14 km/h.

› St. Mary Overie Dock, Cathedral Street, Tel. 08700 118700, www.goldenhinde.org, tgl. 10–17.30 Uhr, Eintritt 7 £, U-Bahn London Bridge Station

③② CLINK PRISON ★ [N11]

Von der Golden Hinde führt die Clink Street (eine Gasse) zu den Überresten des ehemaligen **Winchester-Bischofspalastes**. Nur noch eine hohe Wand mit einer Fensterrosette im Giebel ist erhalten geblieben.

Weiter Clink Street folgend, gelangen wir zu einem **Gefängnis**. Die Zellen waren so berüchtigt, dass der Name in die englische Umgangssprache einging: „Clink" bedeutet Knast! In den unterirdischen Verliesen waren die Inhaftierten stets vom Grundwasser der nahe gelegenen Themse sowie von den Abwässern der hier endenden Kanalisation bedroht. Der „Knast" unterstand der direkten Kontrolle der Winchester-Bischöfe, die hier ihre Gegner schmachten ließen. Aus dem Jahre 1509 stammt die erste urkundliche Erwähnung.

Während der Gordon Riots, einer Rebellion der Armen und Besitzlosen, brannten die Aufständischen das Gefängnis nieder. In einer Ausstellung stellt die kleine **Clink Exhibition** die Schrecken dar, denen die Insassen damals ausgesetzt waren.

› Clink Street, Tel. 74030900, www.clink.co.uk, Juli–Sept. tgl. 10–21, Okt.–Juni Mo–Fr 10–18.30, Sa/So 10–19.30 Uhr, Eintritt 6 £, U-Bahn London Bridge Station

▲ *Der originalgetreue Nachbau der Golden Hinde von Sir Francis Drake*

33 ANCHOR PUB ★★ [N11]

Ganz in der Nähe, direkt am Flussufer der Themse, steht der Anchor Pub, **eine der ältesten und berühmtesten Kneipen Londons**. Seit dem 15. Jh. gab es an dieser Stelle einen *Inn* unter dem Namen Castle on the Hoop. 1509 erhielt der Gasthof eine Alkohollizenz des Bischofs von Winchester. Zu Shakespeares Zeiten befand sich in dem Pub auch das erste Bordell der Gegend.

Sommertags hat man heute die Möglichkeit, draußen vor dem Pub direkt an der Uferfront der Themse zu sitzen und den Verkehr auf dem Fluss zu beobachten.

› 34 Park Street, Bankside, Tel. 740771577, U-Bahn London Bridge

34 GLOBE THEATRE ★★★ [N11]

Ein Stück weiter, am Ende der Straße Bear Gardens, erreicht man am Ufer der Themse Bankside. Hier steht nun das **originalgetreu wieder aufgebaute** und 1998 eröffnete Globe Theatre, ohne elektrisches Licht, mit harten Sitzbänken, zugigen Balkonen und strohbedeckter Bühne.

Wenn keine mittäglichen Matinee-Aufführungen stattfinden, kann das Theater auf einer geführten Tour besichtigt werden. Man bekommt übrigens auch kurzfristig noch Tickets für die Aufführungen, da es 600 Stehplätze im Rund des Globe gibt. Authentischer als hier wird man Shakespeare-Aufführungen wohl kaum zu sehen bekommen.

Leider hat **Sam Wanamaker**, der amerikanische Schauspieler und Regisseur, die Erfüllung seines Lebenstraums nicht mehr erlebt. In den 1950er-Jahren kam Wanamaker nach London und war erstaunt darüber, dass nichts in der britischen Metropole mehr an die glorreichen Theaterjahre von Shakespeare erinnerte. Über mehrere Jahrzehnte verfolgte er hartnäckig den Plan, das einstige Globe neu errichten zu lassen.

▼ *Im Globe Theatre fühlt man sich in Shakespeares Zeiten zurückversetzt*

Mit unglaublicher Energie sammelte er Spendengelder in aller Welt und war schließlich erfolgreich. Ohne Sam Wanamaker gäbe es das Globe nicht! Der visionäre Theatermann starb 1993 im Alter von 72 Jahren.

› 21 New Globe Walk, Bankside, Tickets Tel. 74019919, www.shakespeares-globe.org, Okt.–April tgl. 10–17, Mai–Sept. Mo–Sa 9–12.30, So 9–11.30 Uhr, Führungen alle 15 bis 30 Min., Eintritt 10,50 £, U-Bahn London Bridge Station

WILLIAM SHAKESPEARE – LEBEN UND WERK

William Shakespeare wird am 26. April 1564 in der Pfarrkirche zu Stratford getauft (das genaue Geburtsdatum ist unbekannt, angegeben wird zumeist der 23. April, da der Dramatiker 52 Jahre später am 23. April 1616 verstarb, sodass Geburts- und Todestag auf das gleiche Datum fallen). Stratford verfügte über eine sehr gute „Grammar School", die Lehrer galten als hoch qualifiziert. Dass Shakespeare hier Schüler war, ist zwar nicht dokumentiert, aufgrund seiner Bildung und der Zitate in seinen Stücken, die teilweise aus Schulbüchern der damaligen Zeit stammen, ist es aber doch sehr wahrscheinlich, dass er diese Schule besuchte.

*Die nächste aktenkundige Eintragung bezieht sich auf Shakespeares **Hochzeit**. Im Alter von 18 Jahren heiratete er am 30. November oder am 1. Dezember 1582 die acht Jahre ältere Anne Hathaway. Die Formalien für die Eheschließung waren mit großer Eile vorangetrieben worden, denn Anne war schwanger. Am 26. Mai 1583 wird die Tochter Susanna geboren, zwei Jahre später, am 2. Februar 1585, die Zwillinge Hamnet und Judith: Der Knabe stirbt mit elf Jahren, die beiden Mädchen überleben die Kindheit.*

*Von 1585 bis 1592 gibt es in Shakespeares Biografie erneut eine Lücke, keinerlei Aufzeichnungen verraten etwas über das private oder berufliche Leben. 1592 tritt er in London als namhafter **Autor** wieder in das Licht der Geschichte.*

*1599 bietet die Familie Burbage dem Dramatiker eine **Teilhaberschaft** am Globe Theatre an und Shakespeare wird „Sharer" mit einem Anteil von 10 Prozent; 1608 beteiligt er sich mit einem Siebtel am Blackfriars Theatre.*

*Am 4. Mai 1597 erwirbt in seiner Geburtsstadt Stratford **New Place,** eines der größten Häuser des Ortes, am 1. Mai 1602 kauft er 43 ha Ackerland und am 28. September ein weiteres Haus gegenüber von New Place. Er verpachtet seinen Boden und spekuliert mit den Einnahmen.*

*Mittlerweile ist er in der Hauptstadt ein derart berühmter Mann geworden, dass schon zu seinen Lebzeiten die Anekdotenbildung einsetzt. Obgleich nun mit viel Anerkennung bedacht, unternimmt Shakespeare keinerlei Anstrengungen, sein Werk einer breiten Öffentlichkeit zugänglich zu machen. Eine erste größere **Gesamtausgabe** erschien erst **1623,** sieben Jahre nach seinem Tod.*

Um das Jahr 1611 soll sich Shakespeare vom Theaterleben in London zurückgezogen haben und nach Stratford übergesiedelt sein. Am 23. April 1616 stirbt er – wie die Legende behauptet, nach einem schweren Saufgelage mit Ben Jonson.

LONDON ENTDECKEN
Southwark und Bankside

㉟ TATE MODERN ★★★ [N11]

Weiter am Fluss entlang, erhebt sich linker Hand der gewaltige „Steinklotz" der **Bankside Power Station**. Das Kraftwerk nahm 1963 seinen Betrieb auf, wurde 1981 aber stillgelegt und unter Denkmalschutz gestellt. Im Mai 2000 wurde in der alten Bankside Power Station die Tate Gallery of Modern Art eröffnet. In London firmiert das Museum kurz und knapp unter dem Namen Tate Modern (im Gegensatz zur alten Tate Gallery an Millbank, die nun **Tate Britain** ㊹ heißt). Der gesamte Kraftwerksbau wurde entkernt und auf fünf Etagen sind nun die gesamten Bestände der Tate zur **zeitgenössischen Kunst** zu sehen. Mit viel Respekt vor der gestalterischen Leistung des Architekten der Power Station, Sir Giles Gilbert Scott, haben die beiden Schweizer Herzog und de Meuron das einstige Kraftwerk umgebaut. Die ehemalige 100 m lange und 30 m hohe Turbinenhalle ziert eine 8 m hohe, für die Eröffnung in Auftrag gegebene **Spinnenskulptur**. Der riesige Saal soll den Besuchern als zentrale Piazza dienen. Über Rolltreppen erreicht man dann die Ausstellungsräume und was hier an moderner Kunst des 20. (und frühen 21.) Jahrhunderts zu finden ist, das gibt es weltweit kaum noch ein zweites Mal.

Zwischen der Tate Modern und der Tate Britain gibt es während der Öffnungszeiten einen **Shuttle-Fährservice** zum jeweils anderen Museum. Die Boote halten auf der Tour auch am Riesenrad London Eye.

Von der nördlichen Themseseite führt eine **geschwungene Fußgängerbrücke** auf den Haupteingang der Tate zu. Das Design dieser sogenannten **Millennium Bridge** entstand im Büro von Sir Norman Foster.

› Bankside, Tel. 78878888, www.tate.org.uk/modern, So–Do 10–18 Uhr, Fr/Sa 10–22 Uhr, U-Bahn Southwark oder Blackfriars

㊱ LONDON EYE ★★★ [L12]

Die Themse weiter flussaufwärts erreicht man schließlich das weithin sichtbare **Riesenrad** London Eye. Mit einer Höhe von 135 m ist es das größte Rad der Welt und an klaren Tagen soll der Blick über eine Strecke von 40 km schweifen können. Jede der 32 Kabinen fasst 25 Personen, die Rundreise dauert 30 Minuten.

› Riverside Building, County Hall, Westminster Bridge Road, Tel. 0870 990883, www.londoneye.com, Okt.–April tgl. 10–20, Mai, Juni, Sept. tgl. 10–21, Juli, Aug. tgl. 10–21.30 Uhr, Eintritt 18,90 £, U-Bahn Westminster oder Waterloo

㊲ LONDON AQUARIUM ★ [L12]

In der ehemaligen County Hall zu Füßen des Rieserades hat das London Aquarium – **eines der größten Europas** – sein Domizil gefunden. Wer sich für die Unterwasserwelt der Ozeane interessiert, kommt an einem Besuch nicht vorbei. In gewaltigen gläsernen Tanks tummeln sich bonbonbunte Fische aus den Korallenriffen des Indischen Ozeans, Süßwasserfische aus den Flüssen Europas und Nordamerikas, Krustentiere wie Hummer, Langusten und Krabben, Rochen gleiten scheinbar vogelgleich fliegend durch das Wasser und auch Haie, Tintenfische und Piranhas sind vertreten.

› County Hall, Westminster Bridge Road, Tel. 79678000, www.londonaquarium.co.uk, Mo–Do 10–17, Fr–So 10–18 Uhr, Einlass jeweils bis eine Stunde vor Schließung, Eintritt 17,50 £, U-Bahn Westminster oder Waterloo

DIE CITY OF LONDON

Mit nur 2,6 km² Ausdehnung ist die City, das historische Kernstück der Stadt, der kleinste Bezirk der Metropole. Nur etwa 8000 Menschen wohnen, 750.000 dagegen arbeiten hier. Neben den Börsen von New York und Tokio befindet sich hier das größte **Finanz- und Handelszentrum** der Welt. Geschäfte ungeahnten Ausmaßes werden Tag für Tag getätigt. Aus allen Himmelsrichtungen strömen allmorgendlich Abertausende von Angestellten in ihre Büros, auf sieben Bahnhöfen laufen im Minutentakt die Vorortzüge ein und „spucken" die Pendler in die City. Abends kehrt sich der Strom dann um und Ruhe breitet sich in den Straßen aus.

❸❽ THE MONUMENT ★★ [O11]

The Monument erinnert an den **Großen Brand von London**. Ca. 60 m weiter westlich vom heutigen Standort der Säule war im Jahr 1666 die Feuersbrunst in einer Bäckerei in der Pudding Lane ausgebrochen und hatte fast die gesamte Stadt in Schutt und Asche gelegt. 1671–1677 errichteten Handwerker unter der Bauleitung von **Christopher Wren** und **Robert Hooke** die 62 m hohe, im dorischen Stil gehaltene Säule, auf deren Spitze eine Urne steht, aus der Flammen schlagen. Eine Wendeltreppe mit 311 Stufen führt auf die Plattform.
› Monument Street, Tel. 76262717, tgl. 9.30–17.30 Uhr, Eintritt 3 £, U-Bahn Monument

❸❾ ROYAL EXCHANGE ★ [O11]

Östlich vom **Mansion House**, dem Amtssitz des Lord Mayor, liegt an der Threadneedle Street die im klassizistischen Stil errichtete Royal Exchange, die **königliche Börse**. Die Institution wurde im Jahre 1566 von dem Händler und Finanzexperten Thomas Gresham gegründet, der die Antwerpener Börse als Vorbild für seine Idee eines zentralen britischen Handelsumschlagplatzes nahm. Das erste Gebäude ging 1666 beim Großen Brand in Flammen auf, der Nachfolgebau brannte 1838 nieder. Das derzeitige Gebäude datiert aus der Mitte des 19. Jh.

Von der im korinthischen Stil gehaltenen Säulenhalle aus werden – wie es die Tradition verlangt – auch noch heute wichtige Nachrichten verkündet: Hier ruft man z. B. den neuen König aus! Täglich um 9, 12, 15 und 18 Uhr erklingen aus dem kleinen Glockenturm alte Volksweisen und vor der Börse verlangt ein **Reiterstandbild des Herzogs von Wellington** die unbedingte Ehrerbietung des Betrachters.
› Threadneedle Street, U-Bahn Bank

❹⓿ BANK OF ENGLAND ★★ [O10]

An der Ecke Threadneedle Street/Bank liegt die Bank of England, auch „The Old Lady of Threadneedle Street" genannt. Die Bank von England wurde 1694 von Privatleuten gegründet, um als Finanzierungsinstitution für den bevorstehenden Krieg mit Frankreich zu dienen. In den drei unterirdischen Gewölbegeschossen lagern die Goldreserven Großbritanniens. 1946 wurde die Bank verstaatlicht.

In der Bartholemew Lane liegt der Eingang zum **Bank of England Museum**. In dem ehemaligen, originalgetreu restaurierten Börsenbüro ist heute ein amüsantes Museum untergebracht, das die Geschichte der britischen Nationalbank erzählt.

› Threadneedle Street, Eingang zum Bank of England Museum in der Bartholemew Lane, www.bankofengland.co.uk/museum, Tel. 76015491, U-Bahn Bank, Mo–Fr 10–17 Uhr

④ LEADENHALL MARKET ★ [O11]

Vom City-Knotenpunkt Bank geht es die Cornhill Street entlang, deren Verlängerung die Leadenhall Street ist. Kurz bevor das futuristisch aussehende Gebäude von Lloyd's of London erreicht ist, öffnet sich auf der rechten Straßenseite ein Eingangsbogen in den Leadenhall Market. Die gut restaurierten, atmosphärereichen **viktorianischen Hallen** des Architekten Horace Jones bieten nicht nur Obst- und Gemüsestände, Fisch-, Fleisch- und Weinhändler, sondern auch ein Restaurant, in dem mittags die Angestellten der umliegenden Büros ihren Lunch nehmen.
› Leadenhall Street, U-Bahn Bank

④ LLOYD'S OF LONDON ★ [O11]

Seit dem Frühjahr 1986 residiert in der Leadenhall Street die weltberühmte **Versicherung** Lloyd's of London. Das futuristisch anmutende Gebäude – alle Versorgungseinrichtungen wie Fahrstühle, Treppen, Rohrleitungen sind nach außen verlegt – entwarf der Architekt **Sir Richard Rogers**, der auch maßgeblich an der Konzeption des **Centre Pompidou** in Paris beteiligt war. Die Bausumme betrug etwa 306 Mio. Euro. In dem 14 Stockwerke und 76 m hohen Innenraum hängt unter einem Baldachin die berühmte **Glocke** der 1799 mit einer Silberladung gesunkenen **Fregatte Lutine**. Bei schlechten Nachrichten läutete man die Glocke früher einmal, bei guten zweimal.

Edward Lloyd gründete die legendäre Versicherung im 17. Jh. Sein Kaffeehaus, gut besucht von Kapitänen, Schiffsmaklern, Kaufleuten und Reedern, entwickelte sich zu einer Nachrichtenbörse. Die versammelte Kundschaft begann gemeinsam, Schiffe zu versichern. Wenn sich keine Katastrophen ereigneten, war der Gewinn der Anteilseigner hoch, ging ein Schiff jedoch unter, mussten die Mitglieder der Gruppe, die die Versicherungsanteile gegengezeichnet hatten, zahlen. Bis heute hat sich an diesem Prinzip nichts geändert.
› Leadenhall Street, U-Bahn Bank

④ SWISS RE ★ [O10]

Gegenüber von Lloyd's ragt ein Wahrzeichen Londons in den Himmel: der 180 m hohe, runde, sich nach oben verjüngende Wolkenkratzer von Swiss Re, erbaut vom Stararchitekten Sir Norman Forster. Im Volksmund heißt der Hauptsitz der Rückversicherung nur „The Gherkin", **die Gewürzgurke**.
› 30 St. Mary Axe, U-Bahn Bank

◀ *Die viktorianischen Hallen des Leadenhall Market*

Die City of London

> **KLEINE PAUSE**
>
> ❍128 [M10] **Jerusalem Tavern**, 55 Britton Street, U-Bahn Tottenham Court Road. Einst ein türkisches Kaffeehaus, wurde der Pub nach einer Kneipe benannt, die es nahebei vor gut einem Jahrhundert gab. Bar Food nur zur Mittagszeit.

㊹ GUILDHALL ★★ [N10]

An der Gresham Street, nordwestlich vom Mansion House, ragt das **Rathaus** von London auf: die Guildhall. Von dem ursprünglichen, 1411 errichteten Gebäude sind nur noch Hauptportal, Große Halle sowie Krypta erhalten – auch die Guildhall stand beim Brand 1666 in Flammen.

Durch eine **Vorhalle**, die das Stadtwappen Londons beherbergt, erreicht man den **Großen Versammlungssaal**. In den Fenstern sind die Namen aller Bürgermeister eingelassen, die Wände schmücken die Wappen und Banner der zwölf wichtigsten Zünfte. An der Nordwand zeigen Statuen Winston Churchill, Admiral Nelson und den Duke of Wellington.

In der **Großen Halle** tagt der Stadtrat *(Court of Common Council)* und diskutiert öffentlich die Gemeindegeschäfte, auch Festbankette werden hier abgehalten. Unter dem Saal liegt die **Krypta** aus dem 15. Jh.

› Gresham Street, Tel. 76063030, www.corpoflondon.gov.uk, U-Bahn Bank, Mai–Sept. tgl. 10–17 Uhr, Okt.–April Mo–Sa 10–17 Uhr

㊺ MUSEUM OF LONDON ★★★ [N10]

Nicht weit entfernt lohnt das Museum of London einen Besuch. Zu besichtigen sind Exponate aus römischer und angelsächsischer Zeit sowie aus der Stuart- und Tudor-Ära; aus der Viktorianischen Epoche datieren originalgetreu errichtete Läden und Büros. Ein Prachtstück des Museums ist die **Karosse des Lord Mayor**, weitere Attraktionen sind eine audiovisuelle Vorführung über den **Großen Brand von 1666** und eine originalgetreu hergestellte **Zelle des Newgate-Gefängnisses**.

› 150 London Wall, Tel. 0870 4443852, www.museumoflondon.org.uk, U-Bahn Barbican oder St. Paul's, Mo–So 10–18 Uhr

㊻ ST. PAUL'S CATHEDRAL ★★★ [N11]

Eines der vielen Wahrzeichen von London und sicherlich eine der bedeutendsten Sehenswürdigkeiten der Stadt ist die St. Paul's Cathedral, die **Kathedrale des Bischofs von London**. Der eindrucksvolle **Kuppelbau** steht auf geweihtem Boden, ein erstes Gotteshaus wurde an dieser Stelle bereits im Jahre 604 errichtet.

Am 2. September 1666 brach das große Stadtfeuer aus und die Kathedrale brannte bis auf die Grundmauern nieder. Ab 1668 reichte Sir Christopher Wren mehrmals Entwürfe für eine neue St. Paul's Cathedral ein, konnte jedoch Klerus wie König erst 1675 für seine Ideen begeistern. Im selben Jahr erfolgte dann die Grundsteinlegung für das neue Gotteshaus und jeden Samstag inspizierte Wren den Fortgang der Arbeiten – 35 Jahre lang. An seinem 78. Geburtstag erlebte er die Fertigstellung seines größten Werkes.

Begeben wir uns nun auf einen Rundgang durch die Kathedrale (die Ziffern beziehen sich jeweils auf den Grundriss der Kathedrale): Nicht zu

LONDON ENTDECKEN
Die City of London

besichtigen und daher nur von unten einzusehen ist die elegante Konstruktion der Wendeltreppe des Dekans (4). Das von einem wertvollen Goldrahmen umgebene Gemälde „The Light of the World" (8) von W. H. Hunt ist eine vom Künstler selbst geschaffene Kopie. Das Original hängt im Keble College von Oxford. Das Bild zeigt Jesus, wie er an eine Tür klopft, die die menschliche Seele symbolisiert. Der Treppenaufgang (9) führt hoch zur Bibliothek und weiter zur Kuppel der Golden Gallery, dann zur äußeren Steingalerie, von der man einen weiten Blick über die Stadt und den Fluss hat, sowie zur „Flüstergalerie". In diesem Echogewölbe ist ein leise gehauchtes Wort noch über eine Distanz von 30 m zu hören. Vom **Kuppelraum** kann man sehr gut die sogenannten Thornhill Cartoons in der

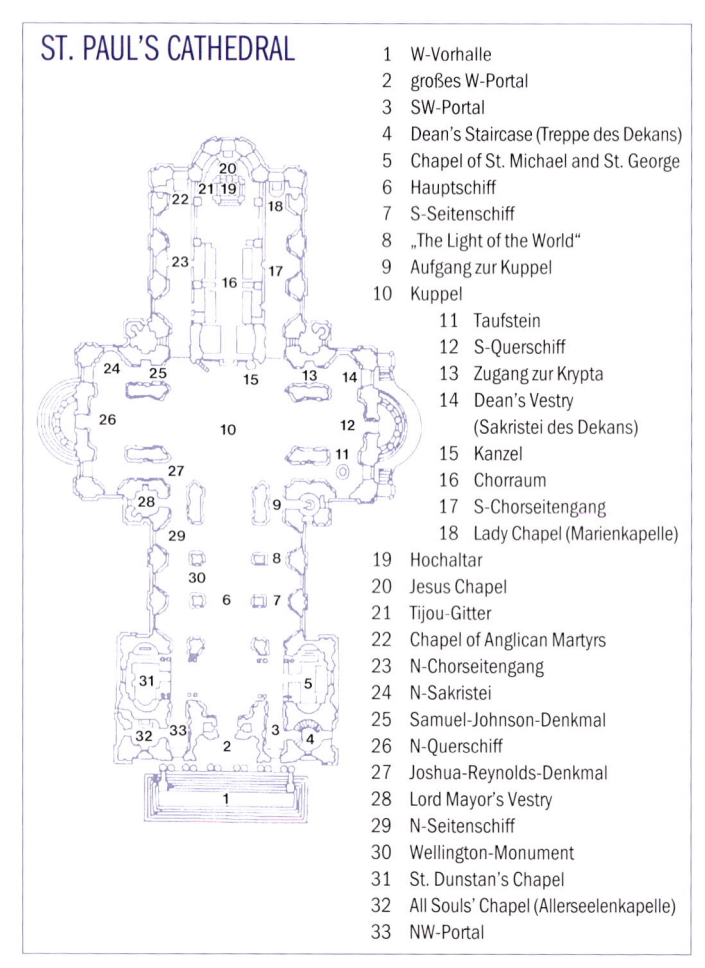

ST. PAUL'S CATHEDRAL

1. W-Vorhalle
2. großes W-Portal
3. SW-Portal
4. Dean's Staircase (Treppe des Dekans)
5. Chapel of St. Michael and St. George
6. Hauptschiff
7. S-Seitenschiff
8. „The Light of the World"
9. Aufgang zur Kuppel
10. Kuppel
11. Taufstein
12. S-Querschiff
13. Zugang zur Krypta
14. Dean's Vestry (Sakristei des Dekans)
15. Kanzel
16. Chorraum
17. S-Chorseitengang
18. Lady Chapel (Marienkapelle)
19. Hochaltar
20. Jesus Chapel
21. Tijou-Gitter
22. Chapel of Anglican Martyrs
23. N-Chorseitengang
24. N-Sakristei
25. Samuel-Johnson-Denkmal
26. N-Querschiff
27. Joshua-Reynolds-Denkmal
28. Lord Mayor's Vestry
29. N-Seitenschiff
30. Wellington-Monument
31. St. Dunstan's Chapel
32. All Souls' Chapel (Allerseelenkapelle)
33. NW-Portal

LONDON ENTDECKEN
Die City of London

Kuppel (10) erkennen. Der Hofmaler Sir John Thornhill schuf von 1716 bis 1719 diese acht Szenen aus dem Leben des heiligen Paulus. Unter der Kuppel ist im Boden des **Hauptschiffes** eine Platte mit einer Inschrift zu Ehren von Christopher Wren eingelassen: „Si monumentum requiris, circumspice" („Wenn du ein Denkmal suchst, blicke Dich um!"). In seinen letzten Jahren hat der geniale Architekt oft an dieser Stelle gesessen und sein Lebenswerk betrachtet. 1727 stellte F. Bird den Marmortaufstein (11) fertig. Im **Süd-Querschiff** (12) finden sich eine Anzahl von Denkmälern, u. a. für Lord Nelson und General Abercrombie. Die Holzkanzel (15) mit dem von Engeln geschmückten Schalldeckel stammt aus dem 20. Jahrhundert. Im **Chorraum** (16) sind die Deckenbilder ebenfalls im letzten Jahrhundert nach den Originalvorlagen neu geschaffen worden. Der südliche Chorseiteneingang (17) zeigt ein aus der alten St.-Paul's-Kathedrale gerettetes Denkmal für den Lyriker und Kirchendekan John Donne (gest. 1631): Die Skulptur stellt den Toten eingehüllt in ein Leichentuch dar. Zwei liegende Engel umgeben eine weiße Statue der Muttergottes in der Marienkapelle (18). Im Jahre 1958 weihte man den aus sizilianischem Marmor gefertigten **Hochaltar** (19) ein. Hinter dem Altar befindet sich die Jesuskapelle (20), die seit 1958 als „American Memorial Chapel" die im Zweiten Weltkrieg gefallenen amerikanischen Soldaten ehrt. Eine in einem Glaskasten aufbewahrte Schriftrolle verzeichnet die Namen der Toten. Das Wappentier der USA, ein goldener Adler, schmückt die Altarrückwand. Im Originalzustand erhalten sind das Chorgestühl und die eleganten schmiedeeisernen Gitter (21) des französischen Kunstschmiedes J. Tijou. Vom früheren Hochaltar stammt das Marmorkreuz in der Kapelle der anglikanischen Märtyrer (22). Am Ende des nördlichen Chorseitenganges (23) befindet sich ein Monument für den Dichter Samuel Johnson (1709–1784; 25), **im nordöstlichen Seitenschiff** (29) stehen Grabdenkmäler für Lord Leighton (1830–1896) und General Charles G. Gordon, der 1885 während des Mahdi-Aufstandes im Sudan sein Leben ließ. Das marmorne Wellington-Denkmal (30) mit dem Bronzesarkophag datiert aus dem Jahre 1877, die Bronzestatuen zeigen ein Reiterstandbild des Herzogs sowie Tugend, Feigheit, Wahrheit und Lüge symbolisierende Skulpturen. In der St. Dunstan-Kapelle (31) erinnert das aus weißem Marmor gefertigte Denkmal an einen der größten Feldherrn Britanniens, Lord Kitchener (1850–1916).

Einen Besuch der **Krypta** (13), angeblich die größte der Welt, sollte man auf gar keinen Fall versäumen. Hier befindet sich u. a. die Schatzkammer der Diözese. Von den vielen Grabdenkmälern verdient vor allem der auf einem Podest stehende Sarkophag von Admiral Horatio Nelson Beachtung. Dieser kam 1805 in der Seeschlacht von Trafalgar ums Leben. Gegenüber zeigt eine Büste Thomas Edward Lawrence (1888–1935), bekannter unter dem Namen Lawrence von Arabien. Im Ersten Weltkrieg einte Lawrence die verfeindeten Beduinenstämme der Arabischen Halbinsel und kämpfte mit ihnen gegen die Türken. In einem schlichten Sarg ruhen die sterblichen Überreste des Herzogs von Wellington (1796–1852), der zusammen mit dem Preußen Blücher bei Waterloo Napoleon bezwang. In der Künstlerecke

PUBS ENTLANG DER FLEET STREET

Viele werden sich bei ihrem Gang über die Fleet Street auch für die berühmten Pubs interessieren, in denen bis vor gar nicht so langer Zeit die Presseleute das ein oder andere Ale zu sich nahmen. Zuerst lohnt in 145 Fleet Street der berühmteste Pub dieser Region einen Besuch: **Ye Olde Cheshire Cheese.** Der Zugang führt durch den **Wine Office Court,** in dem man während des 17. Jh. sowohl eine Alkoholausschanklizenz als auch fassweise Wein erstehen konnte. Im Pub becherte fast täglich der „gute Dr. Johnson". Ein Johnson-Stuhl, angeblich das Sitzmöbel des Gelehrten, ist noch zu besichtigen.

Doch auch weitere berühmte Leute haben das Cheshire besucht, sogar **Voltaire** war während seines dreijährigen Aufenthaltes in London ein gern gesehener Gast. Der Dramatiker **Ben Jonson,** ein Zeitgenosse Shakespeares, trank hier ebenfalls sein Bier und war berüchtigt für seine spitze Zunge. Eines Abends soll er - so die Überlieferung - von einem bekannten Poeten jener Tage, **Joshua Sylvester,** zu einem Reimduell herausgefordert worden sein. Sylvester begann: „I, Sylvester/kiss'd your sister." Jonson parierte: „I, Ben Jonson/kiss'd your wife." Sylvester reklamierte, dass sich das nicht reime, worauf Jonson antwortete: „But it's true." Den puritanischen Gegebenheiten jener Tage folgend, stürzte sich Sylvester auf den Dramatiker, der fluchtartig die Kneipe verließ und sich eine Zeit lang dort nicht blicken lassen konnte. Auch **Gilbert Keith Chesterton** (1874-1936), bekannt geworden durch seinen Krimihelden Pater Brown, war Stammgast im Cheshire. Im Jahre 1903, so erzählte er einst, „verschleuderte" er seine allerletzten zehn Shilling in dem Pub, um dann - nun wirklich mit dem Gefühl vollständigen Bankrotts - seinen Verleger um einen Vorschuss von 20 Pfund für einen noch nicht geschriebenen Roman zu bitten, den er auch tatsächlich bekam! Der Pub ist mittlerweile so berühmt, dass die vielen Touristen die Büroangestellten der umliegenden Firmen, die hier mittags ihren Lunch einnehmen, bald endgültig aus der Taverne vertreiben könnten.

In 99 Fleet Street lädt die bei den Journalisten der Nachrichtenagentur Reuters sehr beliebte **Punch Tavern** den Durstigen ein. 1841 gründete hier Henry Mayhew die berühmte satirische Zeitschrift Punch, die ihren Namen von dem Pub bezog.

Bei 95 Fleet Street kommt man zur **Ye Olde Bell Tavern Wines & Spirits.** Der Pub wurde um 1670 eröffnet und diente damals vor allem den Arbeitern, die mit den Aufbauarbeiten der vier Jahre vorher niedergebrannten St. Bride's Church beschäftigt waren. Auch hier treffen sich heute noch die Reporter der britischen Nachrichtenagentur Reuters. Ein Hinterausgang führt in den Kirchgarten von St. Bride's. Bei schönem Wetter stehen die Gäste mit einem Bier oder Lunch im Schatten ihres Zunftgotteshauses.

Nur wenige Minuten Fußweg bringen den Besucher zu 22 Fleet Street, wo **Ye Olde Cock Tavern** des Biertrinkers harrt. Samuel Pepys, Nell Gwynne, Schauspielerin und berühmte Mätresse von Karl II., Autor Oliver Goldsmith und Shakespeare-Darsteller David Garrick haben hier hektoliterweise britisches Ale getrunken.

der Krypta ist hinter einer einfachen Grabplatte Christopher Wren (1632–1723) begraben. Eine Büste und die Totenmaske geben die Gesichtszüge des genialen Baumeisters wieder.
> St. Paul's Churchyard, Ludgate Hill, Tel. 72364128, www.stpauls.co.uk, U-Bahn St. Paul's, Mo-Sa 8.30-16 Uhr, Eintritt 12,50 £

FLEET STREET UND ST. JAMES

❹❼ ST. BRIDE'S CHURCH ★ [M11]

Vom Hauptportal der St. Paul's Cathedral über Ludgate Hill in Richtung Westen gehend, stößt man auf Ludgate Circus, wo die Fleet Street ihren Anfang nimmt. Hier befindet sich hinter Bürohochhäusern verborgen links die St. Bride's Church.

Londons „Pressekirche" fiel 1666 dem Großen Brand zum Opfer und wurde wenige Jahre später von **Christopher Wren** neu errichtet. 1940 legten deutsche Bomber das Gotteshaus in Schutt und Asche, in den 1950er-Jahren finanzierten Verlage der Fleet Street den Wiederaufbau. Im Innern findet man überall **Gedenktafeln für Journalisten**, die in Ausübung ihres Berufes ums Leben gekommen sind.
> Fleet Street, Tel. 74270133, www.stbrides.com, U-Bahn St. Paul's, Mo-Fr 8-18 Uhr, So 10-13 Uhr, 17-19.30 Uhr

❹❽ DR. JOHNSON'S HOUSE ★ [M10]

Von 1748–1759 lebte **Samuel Johnson** in Haus Nr. 17 am Gough Square. Hier kompilierte er sein berühmtes „Dictionary", von dem ein Exemplar zu besichtigen ist, und schrieb an weiteren Büchern. Eine ganze Reihe von Memorabilien finden sich in dem Haus, das originalgetreu restauriert wurde und ein gutes Beispiel für ein Londoner Bürgerhaus des 18. Jh. ist.
> 17 Gough Sqare, Tel. 73533745, www.drjohnsonshouse.org, Mai–Sept. 11-17.30 Uhr, Okt.–April 11-17 Uhr, Eintritt 4,50 £, U-Bahn Temple oder Blackfriars

❹❾ PRINCE HENRY'S ROOM ★ [M11]

Die Fleet Street weiter abwärts, ragt linker Hand ein altes Fachwerkhaus auf, eines der wenigen, die den Großen Brand von 1666 heil überstanden haben. Im ersten Stock befindet sich Prince Henry's Room, der zwei seltene **Bleiglasfenster** sowie eine **geschnitzte Balkendecke** besitzt, wie sie heute in London kaum noch zu finden sind. Hier ist eine **Ausstellung** über das wechselvolle Leben von **Samuel Pepys** untergebracht, der 1660 im Alter von 27 Jahren begonnen hatte, ein Tagebuch zu führen, das einen Einblick in das Londoner Alltagsleben des 17. Jh. ermöglicht. Er beschrieb die großen Ereignisse jener Zeit – u. a. den Großen Brand – und kommentierte das öffentliche Leben in Britanniens Metropole. Zu sehen sind die originalen Tagebuchblätter, Dokumente und persönliche Besitztümer dieses bedeutenden Diaristen.
> 17 Fleet Street, Tel. 79364004, Mo–Fr 11-14 Uhr, U-Bahn Temple oder Blackfriars

❺⓿ TEMPLE BAR ★ [L11]

Wenige Schritte hinter Prince Henry's Room ist ist nunmehr **Temple Bar** erreicht. Umtost vom Verkehr, steht auf einem Sockel mitten in der Straße ein

LONDON ENTDECKEN
Fleet Street und St. James

geflügelter Drache. Einst überspannte hier ein von Christopher Wren errichteter Torbogen die Fleet Street, Ende des 19. Jh. – das Verkehrsaufkommen war mittlerweile angewachsen – schaffte man das Hindernis aufs Land nach Hartforshire. Die Statue trennt Westminster von der City und markiert den Punkt, an dem der Lord Mayor den Monarchen empfängt, wenn dieser die City besucht.
› Fleet Street/Strand, U-Bahn Temple

51 TWININGS TEA MUSEUM ★ [L11]

Londons kleinstes Museum ist im ältesten Teegeschäft der Stadt untergebracht und feierte 2006 sein 300-jähriges Bestehen. Stilvoller kann man kaum in London seinen Tee kaufen. Im hinteren Teil des Gebäudes informiert das kleine Museum über die Geschichte des Stimulanzmittels und über die Twinings Familie. Die beiden chinesischen Figuren, der vergoldete Löwe und die Inschrift über dem Portal wurden 1787 angebracht.
› 216 Strand, Tel. 73533511, Mo–Fr 9.30–16.30 Uhr, U-Bahn Temple

52 SOMERSET HOUSE ★★★ [L11]

Die Ursprünge von Somerset House gehen auf das Jahr 1547 zurück. Damals wurde auf königlichen Wunsch hin am Ufer der Themse ein großer Renaissancepalast errichtet, der rund ein Jahrhundert später von **Inigo Jones** und **John Webb** modifiziert wurde. In der Folgezeit kümmerten sich die staatlichen Autoritäten kaum um das Gebäude, 1775 war es dann derart marode, dass es abgerissen wurde. Der schottische Architekt William Chambers erbaute dann das heutige Somerset House für die gleichnamige Adelsfamilie.

Seit 1990 beherbergt Somerset House das **Courtauld Institute of Art,** in dessen Kollektion sich fast alle großen Vertreter der italienischen und holländischen Malerei des 15. und 16. Jh. finden. In der Fachwelt bekannt ist das Courtauld Institute aber für seine Impressionisten und Post-Impressionisten. Der **Hermitage Room,** der eine verkleinerte Nachbildung des zaristischen Winterpalastes in St. Petersburg (heute die Eremitage) ist, zeigt wechselnde Ausstellungen von Leihgaben der Eremitage.
› Strand, www.somersethouse.org.uk, Tel. 74209406, tgl. 10–18 Uhr, Courtauld Gallery: Eintritt 6 £, U-Bahn Temple oder Covent Garden

53 ST. JAMES'S PALACE ★ [J12]

Weiter die Straße Strand abwärts und vorbei am Trafalgar Square biegt links die Straße Pall Mall ab, an deren Ende links das **Tudor-Anwesen** des St. James's Palace aufragt. Die königliche Residenz wurde von Heinrich VIII. in Auftrag gegeben und zwischen 1531 und 1536 errichtet, später kamen eine Reihe von Nebengebäuden hinzu.

Nachdem Königin Victoria ihren offiziellen Sitz in Buckingham Palace genommen hatte, fanden viele offizielle

---

KLEINE PAUSE

129 [J12] **Golden Lion,** 25 King Street, U-Bahn Piccadilly Circus. Gegenüber liegt das Auktionshaus Christie's, daher immer voll mit den Angestellten dieser Institution und den Besuchern vor und nach Versteigerungen.

Staatsgeschäfte in St. James's statt, u. a. die Akkreditierung ausländischer Botschafter. Das hat sich bis heute nicht geändert und so ist St. James's nicht zu besichtigen. Vor dem Gatehouse hält immer einsam ein bärenfellbemützter Leibgardist Wache und langweilt sich.
> Pall Mall, U-Bahn Piccadilly

54 ST. JAMES'S SQUARE UND LONDON LIBRARY ★ [J11]

Östlich von St. James's Street, erreichbar über King Street, liegt St. James's Square, im 17. und 18. Jh. eine der nobelsten Adressen im Herzen Londons. Hier befindet sich die **London Library**, die 1840 von dem **Historiker Thomas Carlyle** (1795–1881) als Konkurrenzbibliothek zur British Library gegründet wurde. Carlyle hatte sich dort über eine unzumutbare Behandlung so geärgert, dass er flugs in eine neue „Bücherei" investierte.

Im Gegensatz zur Bibliothek des Britischen Museums kann man in der London Library Bücher ausleihen. Jeder Europäer kann Mitglied werden, die Jahresgebühr beträgt allerdings 395 £. Wenn man die Bücher nicht mit nach Hause nehmen möchte, kann man auch im eigenen Lesesaal mit ihnen arbeiten. Außerdem kommt man bis an die Regale heran und kann damit sehen, welche Alternativtitel zum eigenen Forschungsgegenstand dort noch stehen. Ausländischen Mitgliedern werden die gewünschten Bände aber auch zugeschickt. In ganz England, ja in ganz Europa, rühmt man die freundliche Atmosphäre und den guten Service, was mit Sicherheit an den engagierten Bibliothekaren liegt.

Mit weit mehr als 1. Mio. Bänden ist die London Library die größte Leihbibliothek der Welt, pro Jahr kommen 8000 bis 10.000 neue Titel sowie ca. 850 Periodika hinzu. Die Regale verlaufen über eine Strecke von mehr als 23 km.

Im der Nordosten von St. James's Square, gegenüber der London Library, erinnert am Zaun der Gartenumfriedung ein kleines **Steinkreuz** an Yvonne Fletcher. Im Gebäude Nr. 5 befand sich in den 1980er-Jahren das Libysche Volksbüro, Gaddafis diplomatische Vertretung in Großbritannien. Am 17. April 1984 protestierten Exil-Libyer gegen Menschenrechtsverletzungen in ihrem Heimatland. Um 10.18 Uhr wurde aus dem ersten Stock ein Schuss in die Menschenmenge abgegeben, er traf die 25-jährige Polizistin Yvonne Fletcher tödlich. Der Mörder konnte nicht gefasst werden.
> London Library, 14 St. Jame's Square, Tel. 79307705, www.londonlibrary.co.uk, Mo–Mi 9.30–19.30 Uhr, Do–Sa 9.30–17.30 Uhr, Tagesticket für die Bibliotheksbenutzung 10 £, Wochenticket 30 £, U-Bahn Piccadilly

HYDE PARK, KENSINGTON UND KNIGHTSBRIDGE

55 HYDE PARK ★★ [H12]

Ursprünglich gehörte das 142 Hektar große Gelände des heutigen Hyde Park zu den Liegenschaften der Westminster Abbey, nach der Reformation zog Heinrich VIII. das Areal ein und erklärte es zum königlichen Jagdgebiet. Rund 100 Jahre später machte man es für die Öffentlichkeit zugänglich und gestaltete das Gartengelände in den folgenden Jahrzehnten nach und nach um. Hyde Park entwickelte sich zum beliebten **Naherholungsgebiet** Londons. Vor allem an sommerlich warmen Wochenenden lassen sich Familien auf den Rasenflächen nieder und frönen dem Picknick. Tausende von Liegestühlen (für deren Benutzung man ein kleines Entgelt zahlen muss) sind nach den Sonnenstrahlen ausgerichtet. Die Cafés im Park sind überfüllt, auf der Serpentine, dem künstlichen See, wird gerudert und wer seine Freizeit mit kurzweiligem Kunstgenuss abrunden möchte, findet in der **Serpentine Gallery** wechselnde Ausstellungen.

Am südöstlichen Ende des Parks grüßt mit martialischer Gebärde das **Standbild des nackten Achill** den Besucher. Die gewaltige Statue wurde aus dem Metall erbeuteter Kanonen nach Entwürfen von Richard Westmacott gegossen und symbolisiert den Duke of Wellington. Dieser hatte Napoleon bei Waterloo eine militärische Schlappe sondergleichen beigebracht. Die Männlichkeit unseres Achill wird übrigens durch keinerlei Kleidungsstück kaschiert.

Im Juli 2004 weihte Königin Elisabeth II. im Hyde Park einen Brunnen zu Ehren ihrer 1997 tödlich verunglückten Ex-Schwiegertochter **Diana,** der ehemaligen **Princess of Wales,** ein. Den kreisrunden, 3,6 Mio. £ teuren Brunnen – im südwestlichen Teil des Parks, nahe der Serpentine gelegen – schuf die amerikanische Landschaftsarchitektin Karen Gustafson aus cornischem Granit.

In der Nordost-Ecke, am **Marble Arch,** befindet sich **Speaker's Corner** (U-Bahn Marble Arch). Allsonntäglich trägt sich hier das gleiche Spektakel zu: Profilierungssüchtige Redner pflegen die Kunst der öffentlichen Meinungsäußerung. Gesagt werden darf alles, nur eine Beleidigung des Königshauses hat zu unterbleiben.

> U-Bahn Hyde Park Corner oder Marble Arch

56 KENSINGTON PALACE ★★ [F12]

In westlicher Richtung geht Hyde Park in die 111 Hektar großen **Kensington Gardens** über, eine Straße trennt beide Anlagen voneinander ab. Hauptanziehungspunkt für Kinder ist die liebliche **Peter-Pan-Statue** sowie der **Round Pond,** ein Teich, auf dem Große wie Kleine ihre Modellschiffe über die Wellen schippern lassen.

Am westlichen Ende des Parks liegt der sehenswerte **Kensington Palace.** In dem u. a. von Christopher Wren umgestalteten Palais wurde am 24. Mai 1819 die spätere Königin Victoria geboren. Bis zu ihrem Unfalltod lebte hier **Prinzessin Diana** mit ihren Kindern. Der Adelsbau ist mit einem Aufwand von 12 Mio. Pfund für die Öffentlichkeit umgestaltet worden. So kann man z. B. eine Ausstellung über die sieben Prinzessinnen sehen, die hier alle einmal residiert haben. Des Weiteren wird hier Mode zu sehen sein und auch Musikveranstaltungen sind geplant.

> Kensington Gardens, www.hrp.org.uk/ kensingtonpalace, Tel. 0970 7515170, tgl. 10–17 Uhr, Eintritt 12,50 £, U-Bahn Queensway oder High Street Kensington

57 ALBERT MEMORIAL ★ [F12]

Am südlichen Ende von Kensington Gardens, gegenüber der Royal Albert Hall 58, ragt das im neogotischen Stil errichtete Albert Memorial auf, das Königin Victoria 1876 von Gilbert Scott für ihren früh verstorbenen,

Hyde Park, Kensington und Knightsbridge

deutschen Ehemann erbauen ließ. Das Abbild des Prinzen **Albert von Sachsen-Coburg,** der 1861 an Typhus starb, ruht unter einem hohen, spitzen Baldachin. Eine Vielzahl von allegorischen Figuren symbolisieren u.a. Künste, Wissenschaften und Kontinente. In der Hand hält Albert den Katalog der Weltausstellung von 1851.
› Kensington Gardens, U-Bahn Hyde Park Corner oder Queensway

❺❽ ROYAL ALBERT HALL ★★★ [F12]

Direkt gegenüber vom Albert Memorial liegt die 1871 eröffnete Royal Albert Hall. Die „Suppenschüssel", wie das multifunktionale Gebäude respektlos genannt wird, hat einen Durchmesser von über 90 m und präsentiert sich dem Betrachter von außen als weitgehend schmuckloses Rondell. Die Halle fasst 8000 Personen, berühmt sind die Konzerte, die während der Sommermonate an jedem Abend stattfinden.

› Kensington Gore, Tel. 78383150, Kartenverkauf Tel. 75898212, www.royalalberthall.com, Fr–Di geführte Touren ab Door 12, U-Bahn Kensington High Street

❺❾ SCIENCE MUSEUM ★★★ [G13]

Im Naturwissenschaftlichen Museum, vergleichbar mit dem Deutschen Museum in München, werden dem technischen und physikalischen Laien mittels vieler ausgeklügelter Apparaturen **naturwissenschaftliche Phänomene** erklärt. Für zusätzliche Erläuterungen sorgen eine Vielzahl von Ausstellungsstücken wie z.B. Flugzeuge, Dampflokomotiven, Schiffe und Autos.
› Exhibition Road, Tel. 0870 8704868, www.sciencemuseum.org.uk, tgl. 10–18 Uhr, U-Bahn South Kensington

❻⓪ NATURAL HISTORY MUSEUM UND GEOLOGICAL MUSEUM ★★★ [G13]

Im Museum für **Naturgeschichte** sind botanische, entomologische, mineralogische, paläontologische und zoologische Objekte ausgestellt. Hier kann man auch die Funde betrachten, die der Weltumsegler James Cook und der Forschungsreisende Charles Darwin mit nach Hause brachten.

Im gleichen Gebäude ist auch das **Geologische Museum** untergeracht. Die Exponate informieren den Betrachter über die Entstehung und Geschichte der Welt, darüber hinaus gibt es Fossilien- und Mineraliensammlungen zu betrachten und ein weiterer Aspekt zeigt die menschliche Vor- und Frühgeschichte.
› Cromwell Road, Tel. 79425000, www.nhm.ac.uk, tgl. 10–17.50 Uhr, U-Bahn South Kensington

---

KLEINE PAUSE

🍴130 [I12] **Grenadier,** 18 Wilton Row, U-Bahn Hyde Park Corner. Die Kneipe liegt am Ende einer *Mew* und war einst die Offiziersmesse für Wellingtons Soldaten. *Mews,* so hießen früher die Stallungen für die Kutschpferde, die hinter den hochherrschaftlichen Wohnhäusern in den besseren Vierteln Londons lagen. Schon vor vielen Jahrzehnten wurden die Stallgebäude zu Wohnungen umgebaut. Im Grenadier verkehren die Locals der Umgebung, der Pub ist absolut touristenfrei.

LONDON ENTDECKEN
Hyde Park, Kensington und Knightsbridge

61 VICTORIA AND ALBERT MUSEUM ★★★ [G13]

Zu guter Letzt bietet das Victoria and Albert Museum, kurz V&A genannt, einen Querschnitt durch das **Kunstschaffen verschiedener Nationen.** Zu den 4 Mio. Ausstellungsstücken zählen frühchristliche Devotionalien, Gemälde, Aquarelle, Skulpturen, Schmuck, Porzellan und Keramik, Textilien und Musikinstrumente. 2004 wurde **Daniel Libeskinds** „Spiral" eröffnet, ein mit Elfenbein und Keramik verkleideter, selbsttragender Anbau.
› Cromwell Road, Tel. 79422000, www.vam.ac.uk, tgl. 10–17.45 Uhr, U-Bahn South Kensington

62 HARRODS ★★★ [H12]

An der Brompton Road hat **das wohl berühmteste Kaufhaus der Welt** seinen Sitz: Harrods. In diesem Konsumtempel kann der Kunde alles erstehen, was gut und teuer ist. Über 200.000 Kundenkonten kann Harrods aufweisen. Kein Geschäft der Welt führt mehr Käsesorten: Es sind genau 500! Seit seiner Gründung 1849 hat Harrods den Ehrgeiz, absolut alles an jeden Ort der Welt zu liefern. 6000 Angestellte in 300 Abteilungen kümmern sich um die Kunden.
› 87–135 Brompton Road, Tel. 77301234, www.harrods.com, Mo–Sa 10–20 Uhr, So 11.30–18 Uhr, U-Bahn Knightsbridge

63 PORTOBELLO ROAD MARKET ★ [D11]

Westlich vom Hyde Park ist die **Kensington High Street** die zentrale Einkaufsstraße von Kensington. Hier gibt es zahlreiche Antiquitätenläden, Pubs und Restaurants. Berühmt ist der **Portobello Road Market.** Von Antiquitäten über Schmuck und Kleidung bis hin zu Lebensmitteln wird hier alles verkauft. Am letzten Wochenende im August feiert die westindische Bevölkerung hier auch ihren **Karneval** und in den Straßen wird dann Samba getanzt.
› Portobello Road Market, Mo–Fr von 8–16 Uhr ein Obst- und Gemüsemarkt (Do bis 13 Uhr), am Sa von 8–18 Uhr ein exklusiver „Flohmarkt", U-Bahn Notting Hill Gate, Ladbroke Grove oder Westbourne Park

◄ *Denkmal zu Ehren von Prinzessin Diana und Dodi Al-Fayed bei Harrods*

CHELSEA UND BELGRAVIA

64 KING'S ROAD ★ [G14]

In südwestlicher Richtung verläuft die King's Road: Wie der Name bereits andeutet, war sie früher die königlich-private „Schnellstraße" von Karl II., auf der dieser von Whitehall zu seinem Palast Hampton Court sowie zum Domizil seiner Mätresse, Nell Gwynne, eilen konnte. Erst um 1820 machte man King's Road der Öffentlichkeit zugänglich. Heutzutage prägen Edelboutiquen, Pubs, Restaurants und Delikatessengeschäfte das Bild von Chelseas Hauptstraße.

› King's Road, U-Bahn Sloane Square

65 MICHELIN HOUSE ★★ [G13]

Auf keinen Fall sollte man den folgenden Abstecher auslassen: An der Ecke Sloane Avenue/Fulham Road steht das wahrscheinlich **schönste Jugendstilgebäude Londons**, das Michelin House, das seit 1911 den britischen Hauptsitz der französischen Reifenfirma beherbergte. Im Inneren findet man heutzutage Cafés, Geschäfte mit Designartikeln sowie das edle Restaurant Bibendum (s. S. 22) mit der Oyster Bar (s. S. 21).

› 81 Fulham Road, U-Bahn South Kensington oder Sloane Square

66 CHELSEA OLD CHURCH ★ [G15]

Weiter die King's Road abwärts, biegt man links in die Old Church Street ein, einst das Zentrum des Fischerdörfchens Chelsea. Hier lebte direkt am Flussufer **Thomas Morus**, Staatsmann und Humanist. Seine Statue steht vor der Chelsea Old Church, in deren Innern seine zwei Ehefrauen begraben wurden. Auch der Schriftsteller **Henry James** (1843–1916) ist hier zur letzten Ruhe gebettet. Obwohl amerikanischer Abstammung, verbrachte James den größten Teil seines Lebens in Chelsea.

› Old Church Street/Ecke Cheyne Walk, Tel. 77951019, www.chelseaoldchurch. org.uk, Di, Do 14–16 Uhr, U-Bahn South Kensington oder Sloane Square, Busse 11, 19, 22, 49, 211, 319

67 CARLYLE'S HOUSE ★★★ [G14]

Um die Ecke vom Cheyne Walk lebte der Historiker **Thomas Carlyle** (1795–1881), einer der bedeutendsten Intellektuellen seiner Zeit. Sein Zeitgenosse Goethe sagte 1827 über ihn: „Carlyle ist eine moralische Macht von großer Bedeutung. Es ist in ihm viel Zukunft vorhanden und es ist gar nicht abzusehen, was er alles leisten und wirken wird."

Das Wohnhaus in Cheyne Row ist mit sämtlichem Mobiliar erhalten und seit 1896 ein kleines **Museum**. Im Dachgeschoss ließ sich Carlyle 1853 einen „schalldichten" Raum einbauen. Der nervöse und leicht zu irritierende Mann benötigte absolute

---

KLEINE PAUSE

Lunch in Chelsea

131 [H13] **Oriel Grande Brasserie de la Place,** 50 Sloane Square, U-Bahn Sloane Square. Gemütliche, klassisch eingerichtete Brasserie neben der U-Bahn-Station Sloane Square, zur Lunchzeit auch kleine Gerichte, sommertags stehen Tische auf dem Bürgersteig.

Ruhe, um sich auf seine Arbeit konzentrieren zu können.

Im **Chelsea Embankment Garden** am Ende des Cheyne Walk befindet sich eine lebensgroße Statue des Hausherrn Thomas Carlyle selbst, wie er gedankenversunken auf einem Stuhl sitzt.

> 34 Cheyne Row, Tel. 73527087, www.nationaltrust.org.uk, April–Okt. Mi–Fr 14–17, Sa/So 11–17 Uhr, Eintritt 5,10 £, U-Bahn Sloane Square, Busse 11, 19, 22, 49, 211, 319

68 ROYAL HOSPITAL ★★★ [I14]

Ein Stück das Chelsea Embankment flussabwärts, kommt man zum Royal Hospital, in dem seit 1682 verdiente **Veteranen** ihren Lebensabend verbringen (im Straßenbild von Chelsea sieht man die Veteranen in Uniform und mit ordensgeschmückter Brust).

Initiiert von **Karl II.** und erbaut von **Christopher Wren** entstanden um mehrere Innenhöfe große Gebäudekomplexe. Vor allem die **zentrale Speise- und Versammlungshalle**, die an ihrer Stirnseite mit einem riesigen Gemälde geschmückt ist (Karl II. vor dem Royal Hospital), lohnt einen Besuch. Ende Mai eines jeden Jahres findet im Park des Hospitals die **Chelsea Flower Show** statt, das Gartenareal erstrahlt dann in großer Blütenpracht. Jährlich Anfang Juni marschieren die Armeeveteranen, angetan in Nobeluniformen und behängt mit sämtlichen Orden, in einer großen **Parade am Founder's Day** an den Mitgliedern der Königlichen Familie vorbei.

> Royal Hospital Road, Tel. 78815200, www.chelsea-pensioners.org.uk, Mo–Sa 10–12 Uhr, 14–16 Uhr, So 14–16 Uhr, U-Bahn Sloane Square, Busse 11, 19, 22, 137, 211, 239

69 TATE BRITAIN ★★★ [K13]

Spaziert man vom Royal Hospital die Themse weiter flussabwärts, so ist nach wenigen Minuten Fußweg die zwischen Chelsea und Westminster gelegene Tate Britain erreicht. Im Jahre 1897 wurde diese **weltberühmte Gemäldegalerie** von Sir Henry Tate gegründet, der seine eigene Sammlung von Bildern einbrachte. Britische Malerei aller bedeutenden Meister vom 16. bis zum 19. Jh. sind zu besichtigen. Besondere Bedeutung kommt der angeschlossenen, 1987 eingeweihten Clore Gallery zu, in der fast das gesamte Œuvre von **William Turner** auf den Besucher wartet.

Zwischen der Tate Modern und der Tate Britain gibt es zu den Öffnungszeiten alle 40 Min. einen Shuttle-Fährservice zum jeweils anderen Museum.

> Millbank, Tel. 78878888, www.tate.org.uk, tgl. 10–18 Uhr, U-Bahn Pimlico

DAS EASTEND

70 PETTICOAT LANE MARKET ★★★ [P10]

Die größte Attraktion dieses Viertels ist für den Besucher zweifellos der sonntäglich stattfindende Petticoat Lane Market in der Middlesex Street. Der **Straßenmarkt** geht auf jüdische Schneider zurück, die hier um die Wende vom 19. ins 20. Jh. Kleidungsstücke – neue wie gebrauchte – unters Volk brachten. Einer volkstümlichen Variante nach spielt der Name auf die weitverbreitete Diebstahlskriminalität in diesem Viertel an: Ging eine Frau einkaufen, so fand sie, wenn sie den Markt am anderen

LONDON ENTDECKEN
Durch die Docklands nach Greenwich

> **KLEINE PAUSE**
>
> ◯132 [P10] **The Ten Bells** (vormals „Jack the Ripper Pub"), 84 Commercial Street, U-Bahn Liverpool Street. Die gemütliche Kneipe ist schon uralt: Sie datiert aus dem Jahr 1753.

Ende wieder verließ, ihren eigenen Unterrock an einem Stand ausliegen.
› Middlesex Street, So 9–14 Uhr, U-Bahn Aldgate oder Aldgate East

🛑 WHITECHAPEL ART GALLERY ★★★ [P10]

Bevor man an der U-Bahn-Station Aldgate East eine Besichtigung des Eastends beendet, sollte man noch die Whitechapel Art Gallery besuchen. Das mit Jugendstilelementen dekorierte Gebäude wurde um die Wende vom 19. zum 20. Jahrhundert errichtet und zeigt wechselnde zeitgenössische Ausstellungen. Auch Dichterlesungen, Musikveranstaltungen und Filme stehen auf dem Programm.
› 80 Whitechapel High Street, Tel. 75227888, www.whitechapel.org, U-Bahn Aldgate East

DURCH DIE DOCKLANDS NACH GREENWICH

Ausgangspunkt unserer Tour ist entweder der City-Verkehrsknotenpunkt Bank oder die U-Bahn-Station Tower Hill. Von letzterer liegt der Bahnhof Tower Gateway der **Docklands Light Railway** (DLR) nur einen Steinwurf entfernt. Von Bank oder Tower Gateway nimmt man die DLR-Linie Richtung Endstation Lewisham, die den Besucher durch das ehemalige Hafengelände auf der Isle of Dogs (während der Tudor-Ära hatten die Monarchen auf dieser Themse-Halbinsel Zwinger für ihre Jagdhunde angelegt) nach Greenwich bringt.

Die DLR unterquert auf ihrem Weg die Themse und unsere Haltestelle heißt Maritime Greenwich/Cutty Sark. Wer die Themse lieber per pedes unterqueren möchte, der steigt an der Haltestelle Island Garden aus und benutzt den alten Fußgängertunnel, der den Flaneur ebenfalls zum Liegeplatz der Cutty Sark bringt.

🛑 MUSEUM IN DOCKLANDS ★★★ [U11]

An der Station West India Quay sollte man die DLR nochmals verlassen, denn nahebei (ausgeschildert) befindet sich an der Hertsmere Road im Warehouse Nr. 1 das hochinteressante Museum, das die **Geschichte der Themse und des einstigen Hafengebietes** sowie das Leben der Bewohner mit vielen Ausstellungsstücken wieder lebendig macht.
› Hertsmere Road, Warehouse Nr. 1, www.museumindocklands.org.uk, Tel. 0870 4443853, tgl. 10–18 Uhr, Eintritt frei, DLR West India Quay, U-Bahn Canary Wharf

🛑 CANARY WHARF TOWER ★ [U12]

Eine DLR-Station weiter fänden im Untergeschoss des riesigen Canary Wharf Tower bequem zwei Fußballfelder Platz und alles ist mit feinstem Marmor verkleidet. Überall finden sich kleine Cafés und Läden. Schaut man durch die großen Glasscheiben nach draußen, so erblickt

JACK THE RIPPER – OPFER, FAHNDUNG UND MÖGLICHE TÄTER

Die Opfer

Des Killers erstes Opfer wurde in der Nacht des 31. August 1888 die Prostituierte **Mary Ann Nicholls**. Polly, wie sie in der Umgebung hieß, war 42 Jahre alt, ganz auf sich allein gestellt und hatte keinen Penny, sodass sie nicht in ein Schlafhaus konnte. Gegen 2.30 Uhr muss sie ihrem Mörder begegnet sein, der sie auf bestialische Weise verstümmelte.

Eine gute Woche später, am 8. September 1888, war gleichfalls gegen 2 Uhr nachts **Annie Chapman** noch auf den Beinen. Wie Polly besaß sie kein Geld und war deshalb auch nicht in ihrem „Dosshouse" (Schlafhaus) eingelassen worden. Der Mörder zerstückelte die Leiche, zudem entfernte er einige innere Organe.

Elizabeth Stride, das dritte Opfer des Ripper, wurde als Elisabeth Gustaafsdotter 1843 in Schweden geboren. Nach England gekommen, heiratete sie einen Zimmermann, mit dem sie zwei Kinder hatte. Mann und Kinder kamen jedoch bei einem Unfall ums Leben. Einen Teil ihres Geldes verdiente sie sich nun als Putzfrau und durch Näharbeiten und abends ging „Long Liz" notgedrungen auf Kundenfang. Am 30. September 1888 traf sie auf ihren Mörder, der jedoch gestört wurde, sodass er keine Zeit fand, die Leiche zu verstümmeln. Unbefriedigt und frustriert hielt er daher noch in der gleichen Nacht nach einem weiteren Opfer Ausschau.

Catherine Eddowes, 43 Jahre alt, wurde am 30. September gegen 0.30 Uhr aus der Ausnüchterungszelle der Bishopsgate-Polizeistation entlassen und muss nur wenige Minuten später ihrem Mörder in die Arme gelaufen sein. Auch sie fand man ähnlich zugerichtet wie die ersten beiden Frauen.

Mary Kelly, das fünfte Opfer, war 25 Jahre alt und lebte erst seit fünf Jahren in London, wo ihr nichts anderes übrig blieb, als im Eastend auf Männerfang zu gehen. Am späten Abend des 8. November 1888 sah man sie zum letzten Mal in ihrem Stammpub „The Ten Bells" (s. S. 85). Da Mary sich ein eigenes kleines Zimmer leisten konnte, war sie das einzige Opfer des Rippers, das in einem Zimmer und nicht auf der Straße getötet wurde.

Die polizeiliche Fahndung

Die Polizei reagierte nach dem ersten Mord zuerst sehr zögerlich und mit nur geringem Engagement. Das Eastend galt ohnehin als verrufenes und extrem kriminelles Viertel, Schlägereien, Raub und Diebstahl sowie Mord und Totschlag waren an der Tagesordnung. Als jedoch die zweite entsetzlich zugerichtete Leiche gefunden wurde und sich die Presse der Sache annahm, begannen die staatlichen Autoritäten nervös zu werden. Nun war klar, dass ein Wahnsinniger im Eastend sein Unwesen trieb. Die Öffentlichkeit forderte schnelle polizeiliche Erfolge. Eine erste Razzia führte zur Verhaftung von 14 Verdächtigen, die jedoch alle nach kurzer Zeit wieder freigelassen wurden. An gesicherten Tatsachen hatte man bisher lediglich festgestellt, dass der Mörder offenbar **Linkshänder** war und über **anatomische** sowie **chirurgische Kenntnisse** verfügen musste.

Jack the Ripper – Opfer, Fahndung und mögliche Täter

Nachdem die Mordserie mit dem Tod von Mary Kelly ihr Ende gefunden hatte, fahndete die Polizei noch einige Monate erfolglos weiter. Man nahm gegen Ende des Jahres 1888 an, dass der Mörder nach seiner letzten Tat Selbstmord verübt hatte.

Die Hauptverdächtigen

Montagu J. Druitt: Ein Rechtsanwalt, der einige Semester Medizin studiert hatte und Linkshänder war. Am 1. Dezember 1888 ertränkte sich Montagu Druitt in der Themse, weil er - wie er in seinem Abschiedsbrief schrieb - fürchtete, verrückt zu werden. Druitt war bekannt für seine exzessiven sexuellen Tendenzen. Selbst seine Familie hielt ihn für den Täter. Nach Druitts Tod schloss die Polizei den Fall Jack the Ripper erst einmal ab.

Dr. Stanley: Die erste umfassende Dokumentation über Jack the Ripper hielt Dr. Stanley für den Mörder. Stanleys Sohn war an den Folgen der Syphilis gestorben, die er sich angeblich bei der Prostituierten Mary Kelly geholt hatte.

Neill Cream: Der Amerikaner kam wegen seiner letzten Worte in Verdacht. 1892 wurde er wegen des Mordes an der Prostituierten Matilda Clover gehängt. Als Cream durch die Falltür des Galgens fiel, rief er aus: „I am Jack the …".

Neithon Kaminsky: Ein geisteskranker, polnisch-jüdischer Einwanderer, der an einer Geschlechtskrankheit litt und als äußerst gewalttätig galt. Kaminsky starb wenige Monate nach dem letzten Mord in einer Heilanstalt.

Michael Ostrog: Ein russischer Arzt, der wegen extremer Gewalttätigkeit und brutaler sexueller Fantasien in eine Heilanstalt eingewiesen wurde. Er konnte für keine der Mordnächte ein Alibi nachweisen.

Dr. Alexander Pedachenko: Ebenfalls ein russischer Arzt, der von der zaristischen Geheimpolizei nach London geschickt worden war, um dort die Bevölkerung in Angst und Schrecken zu versetzen und um die Londoner Polizei zu diskreditieren. Nach seiner Rückkehr ins russische Reich starb er in einer Nervenklinik. Die Ochranza Gazette, das offizielle Organ des russischen Geheimdienstes, bezichtigte ihn des Mordes an fünf Frauen im Londoner Osten.

Der **Duke of Clarence:** Der debile und homosexuelle Enkel von Königin Victoria war bekannt für seine nächtlichen Streifzüge durch das Eastend. „Prinz Eddy" konnte sehr kunstvoll von ihm gejagte Tiere ausnehmen und beobachtete öfter Chirurgen bei ihren Operationen.

J. K. Stephen: Der Geliebte von „Prinz Eddy" war ein paranoider Frauenhasser.

Nach neueren Forschungen soll nun ein gewisser **James Maybrick**, ein Baumwollhändler aus Liverpool, der Mörder gewesen sein. 1993 wurde sein Tagebuch gefunden, das ihn als Jack the Ripper ausweist. Klar ist nun auch, warum die Mordserie so abrupt endete: James Maybrick wurde 1889 von seiner eigenen Frau ermordet. Man nimmt an, dass sie hinter seine Schreckenstaten gekommen war.

Ebenfalls 1993 veröffentlichte die amerikanische Krimiautorin Patricia Cornwell das Buch „Portrait of a Killer: Jack the Ripper - Case Closed", in dem sie den deutschstämmigen, in England berühmt gewordenen Maler **Walter Sickert** als den Massenmörder identifiziert zu haben glaubt.

man Brunnen, saftig grüne Rasenflächen und viele mächtige Bäume. Das Gebäude ist übrigens das höchste in den Docklands.
> Canary Wharf, DLR und U-Bahn Canary Wharf

🕖 CUTTY SARK ★★ [V14]

Vom DLR-Bahnhof Canary Wharf geht es weiter in Richtung Endstation Lewisham. Der Zug unterquert die Themse und bei der Station Maritime Greenwich/Cutty Sark steigen wir wieder hoch ans Tageslicht. Hier fällt als Erstes die **Cutty Sark** ins Auge, die in einem Betondock gelegen der Besucher harrt.

Der legendäre Segler, der früher im Tee- und Wollhandel zwischen China, Australien und Großbritannien eingesetzt worden war, wurde im Jahr 1954 von der Cutty Sark Society erworben. Normalerweise ist neben den originalgetreu erhaltenen Innenräumen im Unterdeck eine **Ausstellung von Galionsfiguren** zu besichtigen, doch im Mai 2007 explodierten während Restaurierungsarbeiten einige Gasflaschen, die Cutty Sark stand **lichterloh in Flammen** und brannte völlig aus. Man hatte allerdings Glück im Unglück: Wegen der Restaurierungen waren die Aufbauten und die Inneneinrichtung entfernt worden und nur der entkernte Rumpf wurde durch den Brand beschädigt. Der Rumpf ist aber aus Stahl und kann restauriert werden. So ist ein Wiederaufbau möglich.
> King William Walk, Greenwich Pier, Tel. 88583445, www.cuttysark.org.uk, DLR Maritime Greenwich. Wegen Restaurierungsarbeiten ist die Cutty Sark voraussichtlich bis Anfang 2012 nicht zugänglich.

KLEINE PAUSE
⊖133 [V14] **Gipsy Moth**, 60 Greenwich Church Street, DLR Maritime Greenwich. Der Pub liegt unmittelbar hinter der Cutty Sark. Nach hinten raus gibt es einen kleinen, ruhigen Biergarten, reichhaltige *bar meals* im Angebot.

▲ *Das Royal Observatory befindet sich mitten im Greenwich Park*

75 ROYAL NAVAL COLLEGE ★★ [V14]

Gleich neben der Cutty Sark erstreckt sich das Gelände des Royal Naval College, ehemals das Royal Naval Hospital. Die Baugeschichte des Komplexes ist verwirrend. Mehrere Architekten, von Inigo Jones über John Webb bis Christopher Wren sowie Nicholas Hawksmoor, zeichneten für die Ausstattung verantwortlich und die Arbeiten zogen sich über Jahrzehnte hin.

Die ersten verdienten Seeleute zogen 1705 in das Royal Naval Hospital, einhundert Jahre später verlebten rund 2000 Veteranen hier ihren Lebensabend. In den 1850er-Jahren begannen die Pensionäre, Klagen gegen die Verwaltung zu führen. Nur wenige Jahrzehnte später schloss das Hospital seine Pforten und das **Royal Naval College** richtete sich hier neu ein. Heute beherbergt das Gebäude Teile der **Universität von Greenwich** und das **Trinity College of Music**. Zu besichtigen sind die **Rokoko-Kapelle** und die **Painted Hall.**

› Cutty Sark Gardens, Greenwich, www.oldroyalnavalcollege.org, Tel. 82694747, tgl. 10–17 Uhr, DLR Maritime Greenwich

76 NATIONAL MARITIME MUSEUM ★★★ [W14]

Gegenüber vom Naval College befindet sich im **Queen's House** sowie in den mit Kolonnaden verbundenen Ost- und Westflügeln das National Maritime Museum, eines der schönsten und größten **Marinemuseen** der Welt. Hier kann man interessante Schiffsmodelle, nautische Instrumente, alte Seekarten und Globen, aber auch Barkassen, Dampfschiffe sowie Boote in Originalgröße besichtigen.

› Romney Road, Tel. 88584422, www.nmm.ac.uk, tgl. 10–17 Uhr, DLR Maritime Greenwich

77 ROYAL OBSERVATORY ★★★ [W15]

Hinter dem Maritime Museum breitet sich der **Greenwich Park** aus, in dessen Mitte das berühmte **Königliche Observatorium** auf einem Hügel liegt, das 1675 für den Astronomen John Flamstead errichtet wurde. Eine Vielzahl astronomischer Instrumente, Ferngläser und Teleskope sowie natürlich der berühmte **Nullmeridian**, sichtbar durch einen schmalen Metallstreifen im Gebäudehof, gehören zu den Attraktionen. Ein **Planetarium** erklärt den Besuchern den Sternenhimmel.

Man sollte nicht versäumen, einen Blick auf die **Navigationsinstrumente** der vergangenen Jahrhunderte zu werfen. Vor allem die vier von John Harrison entwickelten Schiffschronometer sind Prunkstücke der Ausstellung.

› Greenwich Park, Tel. 83126565, www.rog.nmm.ac.uk, tgl. 10–17 Uhr, Planetarium: Eintritt 6,50 £, DLR Maritime Greenwich

AUSFLÜGE IN DIE STADTNAHE UMGEBUNG

78 LITTLE VENICE ★ [F10]

Das kleine Venedig ist ein stadtnah gelegenes Viertel mit eleganten, von John Nash entworfenen Häuserzeilen, das sich rund um den Regent's Canal bzw. den Grand Union Canal erstreckt. Diese beiden künstlichen Wasserstraßen dienten früher der

LONDON ENTDECKEN
Ausflüge in die stadtnahe Umgebung

> **KLEINE PAUSE**
>
> **Unter Künstlern in Camden Lock**
> Nicht versäumen sollte man einen Besuch in dem aus der Viktorianischen Ära stammenden Pub „The Warwick Castle": Fotos und alte Stiche dokumentieren den einst regen Schiffsverkehr, der auf den Kanälen herrschte. Der Pub gilt als Treffpunkt junger Künstler, Literaten und Intellektueller des Viertels.
> › 6 Warwick Place, U-Bahn Warwick Avenue

Versorgung der Metropole. Von Little Venice aus kann man **Bootstouren** durch eine abwechslungsreiche Landschaft zum **Londoner Zoo** ⓭ und bis nach **Camden Lock** (U-Bahn Camden Town) unternehmen. (Im Fahrpreis ist ein ermäßigtes Ticket für den Eintritt in den Zoo enthalten. Schippert man bis Camden Lock, führt die Route quer durch das Menageriegelände und man kann zumindest einen Blick auf das eine oder andere Tiergehege werfen.) In Camden Lock entwickelte sich gegen Ende der 1970er-/Anfang der 1980er-Jahre ein **alternatives Zentrum mit kleinen Werkstätten und Geschäften**. Mittlerweile regiert allerdings auch hier der Kommerz. Jeden Samstag und Sonntag gibt es in Camden Lock direkt am Regent's Canal einen **Wochenendmarkt mit Kunstgewerbeartikeln**, gleichzeitig bieten dann viele Garküchen ihre Menüs feil.

⓳ KEW GARDENS ★★

Kew Gardens (eigentlich The Royal Botanic Gardens) ist ein 121 ha großer **Botanischer Garten**, der sich im Südwesten Londons entlang der Themse erstreckt. 1759 richtete die Mutter von Georg III. den ersten Teil dieses Parks ein und 1772 begann Sir John Banks mit einer gezielten Gestaltung des Areals. Auf seine Anweisung hin sammelten viele Reisende jener Tage Samen und Pflanzen aus fremden Ländern, die in Kew Gardens gesetzt und gepflegt wurden. Eine Vielzahl von Forschungseinrichtungen, die botanische Studien betreiben, sind auf dem Gelände untergebracht und man kann eine Anzahl von historischen Gebäuden besichtigen. Eine besondere Attraktion sind neun riesige, dennoch sehr grazil wirkenden **Gewächshäuser**, die besichtigt werden können. Besonders schön sind das Princess of Wales Conservatory, The Palm House und das Temperate House (Mo–So 10–16 Uhr). Wahrzeichen von Kew Gardens ist die 50 m hohe, achteckige **Chinesische Pagode**, die von William Chambers (dem Architekten von Somerset House) 1762 errichtet wurde. Kinder dürften vor allem von den zahmen Eichhörnchen begeistert sein, die neugierig und immer hungrig herankommen, wenn man sich auf dem Gras ausgestreckt hat. Zwei kleine Cafés bieten Tee, Kaffee und Snacks an und sorgen für das leibliche Wohl.

Südlich von Kew Gardens liegt das Städtchen **Richmond** (U-Bahn Richmond), das von Richmond Park und Deer Park umgeben ist.
› U-Bahn Kew Gardens, Eintritt 13,50 £

PRAKTISCHE REISETIPPS

AN- UND RÜCKREISE

MIT DEM FLUGZEUG

Londons fünf Flughäfen sind **Heathrow** (im Westen der Metropole), **Gatwick** (im Süden), **Stansted** (im Norden), **Luton** (im Nordwesten) und der **London City Airport** in den ehemaligen Docklands. Lufthansa, Austrian Airlines, Swiss und British Airways fliegen meist Heathrow an, die Billigflieger wie Germanwings oder Easy Jet haben Luton, Gatwick und Stansted in ihrem Angebot.

Die **Preise** für einen Hin- und Rückflug mit **Lufthansa** oder **British Airways** liegen bei knapp unter 400 €. Bei **Germanwings** und **Easy Jet** beginnen die Preise für einen einfachen Flug bei 19 €.

› **Austrian Airlines,** www.aua.com
› **British Airways,** www.britishairways.com
› **Lufthansa,** www.lufthansa.de
› **Swiss,** www.swiss.com
› **Easy Jet,** www.easyjet.com
› **Germanwings,** www.germanwings.com

Vom Flughafen in die Stadt

Von **Heathrow** aus fährt die **Tube** (Piccadilly Line), die Londoner U-Bahn, bis ins Stadtzentrum, während der Hauptverkehrszeiten sogar alle fünf Minuten. Die Fahrt bis Piccadilly Circus dauert ca. 45 Min., eine Fahrkarte kostet 4 £. Die erste U-Bahn verlässt morgens gegen 5 Uhr (So 5.50 Uhr) den Flughafen.

◄ *Vorseite: Big Ben, eines der bekanntesten Wahrzeichen (s. S. 54)*

Die schnellste Verbindung ins Zentrum bietet der **Heathrow Express**, der von den Terminals 1, 2, 3 und 5 zwischen ca. 5 und 24 Uhr alle 15 Minuten fährt und bis Paddington Station nur 15 Minuten Fahrtzeit benötigt. Wer am Terminal 4 landet, muss erst mit einem Shuttlezug (kostenlos) zu den Terminals 1, 2 und 3 fahren. Der Preis für eine Fahrkarte bis Paddington Station beträgt, je nachdem, ob man sie vorher am Automaten oder erst im Zug kauft, 18 £ bzw. 23 £. Von Paddington Station erreicht der Besucher mit der U-Bahn sein weiteres Ziel.

Von Heathrow fahren außerdem **Busse des National Express** zwischen 5.25 und 21.40 Uhr in die Stadt bis zur Victoria Station. Ein einfaches Ticket kostet 5 £ Die Fahrtzeit beträgt allerdings je nach Verkehrsaufkommen bis zu 90 Min.

› www.tfl.gov.uk/tube
› www.heathrowexpress.com
› www.nationalexpress.com

Vom Flughafen Gatwick aus fährt der **Gatwick Express** bis zur Victoria Station. Die Züge verkehren zwischen 5.50 und 0.35 Uhr alle 15 Minuten und zwischen 0.35 und 5.50 Uhr unregelmäßig. Die Fahrt dauert 30 Minuten und man zahlt 16,90 £.

Von **Stansted** aus verkehrt zwischen 6 und ca. 0.30 Uhr alle 15 bis 30 Minuten der **Stansted Express** zum Bahnhof Liverpool Street Station, eine Fahrkarte kostet 19,80 £.

› www.gatwickexpress.com
› www.stanstedexpress.com

Vom Flughafen **Luton** fährt alle paar Minuten ein **Shuttlebus** zum Bahnhof Luton Airport Parkway (Fahrtpreis 1 £) und von dort verkehrt rund um die Uhr ein Thameslink-Zug in die

Innenstadt, der für die Fahrt nach King's Cross ca. 50 Minuten benötigt. Der Fahrpreis beträgt 12 £.

Vom **City Airport** bringt die **Docklands Light Railway (DLR)** den Besucher zu den U-Bahnhöfen Canary Wharf oder Bank. Von dort geht es dann mit der Tube ans gewünschte Ziel. Eine Fahrkarte kostet 4 £, für die Tube und die DLR gelten auch die Travelcard und die Oyster Card (s. S. 112), die man u. a. am Flughafen bekommt.

MIT DEM ZUG

Ab Paris und Brüssel verkehrt der **Eurostar-Hochgeschwindigkeitszug** durch den Kanaltunnel bis nach London zum Bahnhof St. Pancras. Von dort kann man mit der U-Bahn weiterfahren. Der Preis für die Hin- und Rückfahrt von/bis Paris variiert je nach Tageszeit und gewünschter Flexibilität stark. Informationen zu Fahrzeiten, Preisen und Buchung erhält man unter www.eurostar.com.

MIT DEM AUTO

Wer London mit dem eigenen Wagen besuchen will – was natürlich nicht zu empfehlen ist –, sollte die Fähre vom französischen Hafen **Calais** (bis Dover ca. 50 Min.) nehmen. Es gibt Angebote ab 60 € für die Hin- und Rückfahrt für ein Auto mit zwei Insassen. Autofähren aus Calais legen in der Regel an den Eastern Docks in **Dover** an, direkt hinter dem Zollbereich geht es links ab, Hinweisschilder zeigen an: „London–Canterbury A 2" (sollte die Fähre an den Western Docks anlegen, folgt man zunächst den Wegweisern „All Routes" (Alle Richtungen) und achtet dann auf die Hinweisschilder „London–Canterbury A 2").

Des Weiteren kann man den Wagen im „Huckepack"-Verfahren auf einem Zug durch den Kanaltunnel von Calais bis **Folkestone** befördern lassen. Die Preise orientieren sich dabei an den Fährtarifen.

AUTOFAHREN

Wer mit dem Auto nach London fährt, muss sich darüber im Klaren sein, dass im Innenstadtbereich, in der Zone, die mit einem weiß auf rot markierten „C" gekennzeichnet ist, eine **Mautgebühr** (*Congestion Charge*) von 8 £ pro Tag erhoben wird.

Zahlen kann man die Gebühr täglich oder wöchentlich in bestimmten

▲ *Wer mit dem Auto in die Innenstadt will, muss die Mautgebühr bezahlen*

Geschäften, Tankstellen, an **Automaten** größerer Parkplätze in London, die das Congestion-Charge-Symbol zeigen, oder bis zu 90 Tage vor der Ankunft über die **Website** www.cclondon.com.

Wer den happigen Obolus nicht entrichtet, riskiert ein **Bußgeld** in Höhe von 120 £, das sich allerdings auf 60 £ reduziert, wenn man die Schuld binnen 14 Tagen begleicht, oder sich auf satte 180 £ erhöht, wenn man nach 28 Tagen noch immer nicht bezahlt hat. Wer sein Fahrzeug in der Congestion-Charge-Zone drei oder mehr Tage stehen lässt, ohne die Gebühr zu entrichten, riskiert eine **Kralle** für zusätzliche 70 £ oder gar das Abschleppen des Fahrzeuges für 200 £ zuzüglich der Unterstellkosten von 40 £ pro Tag. Überprüft wird das Ganze durch **Kameras**, die in Congestion-Charge-Zonen Aufnahmen aller (!) Nummernschilder machen.

Und nicht vergessen: In Großbritannien herrscht **Linksverkehr**!

BARRIEREFREIES REISEN

Ausnahmslos alle Londoner **Stadtbusse** sind auf Rollstuhlfahrer eingerichtet. Der Busfahrer kann an der hinteren Ausstiegstür elektrisch eine **Rampe** ausfahren, sodass behinderte Besucher problemlos in den Bus kommen und dort einen freien Platz für ihren Stuhl finden. Sämtliche Stationen der **Docklands Light Railway** (DLR) sind ebenfalls behindertengerecht ausgerüstet. Bei der **Londoner Tube**, der U-Bahn, sieht die Sache leider anders aus. Noch nicht mal ein Drittel aller Stationen ist für Rollstuhlfahrer benutzbar. Lediglich die Haltestellen, die in den letzten zehn Jahren umfassend renoviert oder neu angelegt wurden, haben behindertengerechte Einrichtungen: Diese Stationen sind auf den Tube-Plänen mit dem **Rollstuhlsymbol** gekennzeichnet. Jede Station, die im Laufe der nächsten Jahre umgebaut wird, ist dann auch für Behinderte zu nutzen. Als **Faustregel** gilt, dass Sehenswürdigkeiten, die in der Nähe eine Tube-Station haben, auch von Bussen angefahren werden. An jeder Haltestelle ist die Route der Busse mit ihren Stationen verzeichnet.

Die folgenden **Publikationen** und **Informationsstellen** geben Auskunft, wie man Britanniens Metropole auch im Rollstuhl kennenlernen kann.

› Das Büchlein „Access to the Underground" („Zugang zur Untergrundbahn") listet Aufzüge und Rampen des Londoner U-Bahn-Netzes auf. Erhältlich bei London Regional Transport, Access & Mobility, Windsor House, 42–50 Victoria Road, London SW 10TL, Tel. 79414600, und beim Informationsbüro von London Transport in der Victoria Station. Auch im zum Download verfügbaren „**Tube Access Guide**" (ein U-Bahn-Plan) sind die rollstuhlgerechten Stationen markiert (www.tfl.gov.uk). Die Züge der Docklands Light Railway können an allen Stationen mit einem Rollstuhl benutzt werden.

› Unter www.artsline.org.uk bzw. telefonisch unter der Nummer 73882227 gibt die Organisation **Artsline** Auskünfte über die behindertengerechte Einrichtung von z. B. Kinos, Theatern, Hotels, Sehenswürdigkeiten und anderen Veranstaltungsorten.

› Das London Tourist Board gibt für Behinderte die Broschüre „**London Made Easy**" heraus, die im Touristeninformationsbüro der Waterloo Station erhältlich ist.

› Bei jedem guten Zeitschriftenhändler ist das Büchlein „**Access to London**" zu

erstehen. Hier sind behindertengerechte Pubs, Theater, Kinos, Geschäfte etc. aufgelistet. „Access to London" ist kostenfrei (eine Spende wird gerne gesehen) und postalisch bereits vor der Reise bei folgender Adresse zu beziehen:
Access Project, 39 Bradley Gardens, West Ealing, London W 138 HE.
› Auch die **Royal Association for Disability and Rehabilitation** (RADAR), 12 City Forum, 250 City Road, London EC 1, Tel. 72503222, gibt Reisenden mit Behinderungen umfangreiche Informationen zu allen Aspekten des Lebens und Reisens in London.
› Bei **Tourism for all UK,** c/o Vitalise, Shap Road Industrial Estate, Shap Road, Kendal, Cumbria LA9 6NZ, Tel. 0845 1249971, www.tourismforall.org.uk, erhält man eine Auflistung von behindertengerechten Hotels und kann auch Buchungen vornehmen.

DIPLOMATISCHE VERTRETUNGEN

Die Diplomatischen Vertretungen Deutschlands, Österreichs und der Schweiz findet man in London unter folgenden Adressen:
› **Deutsche Botschaft,** 23 Belgrave Square, London SW1X 8PZ, Tel. 78241300, www.london.diplo.de
› **Österreichische Botschaft,** 18 Belgrave Mews West, London SW1X 8HU, Tel. 73443250, www.bmeia.gv.at/botschaft/london.html
› **Schweizer Botschaft,** 16–18 Montagu Place, London W1H 2BQ, Tel. 76166000, www.eda.admin.ch/london
› Auf der Website des **British Foreign & Commonwealth Office** (www.fco.gov.uk) findet man unter „Foreign Embassies in the UK" die **weiteren Botschaftsadressen** in London zum Download.

ELEKTRIZITÄT

In Großbritannien fließt die gleiche Stromstärke wie auch in Deutschland, Österreich und der Schweiz durch die Leitungen. Allerdings benötigt man einen **Adapter,** um Stecker an die englische Steckdose anschließen zu können. Im Bad befindet sich häufig eine Steckdose, in den unsere heimischen Flachstecker hineinpassen, diese sind allerdings nur für einen Rasierapparat geeignet, ein Haarfön oder andere Geräte lassen sich damit nicht betreiben. Die Stromstärke reicht aber aus, um das Handy aufzuladen.

GELDFRAGEN

Das **Englische Pfund** (abgekürzt £, derzeit 1,18 €/CHF 1,51, Stand: März 2011) hat 100 Pence. „Pence" werden kurz als „p" bezeichnet. Alle Münzen und Scheine tragen das Bild der Queen.

Die preiswerteste Art der Geldbeschaffung ist eine **Barabhebung** mit der **EC- bzw. Maestro-Karte.** Das ist auch in London problemlos an Geldautomaten (ATM) mit dem Maestro-Logo möglich. Von Barabhebungen per **Kreditkarte** ist abzuraten, weil dabei bis zu 5,5 % an Gebühr fällig werden.

Das bargeldlose Zahlen ist in England weitverbreitet. Hohe Akzeptanz genießen Visacard, Mastercard, American Express und Diners Club. American Express hat Bargeldautomaten am Flughafen und auf allen wichtigen Bahnhöfen. Ohne Kreditkarte zur Kautionshinterlegung kann man bei den meisten internationalen **Autovermietungen** kein Fahrzeug bekommen und auch bei **Onlinebuchungen**

LONDON PREISWERT

Bei London handelt es sich - wie auch bei den meisten anderen Metropolen - um ein eher teures Pflaster, doch auch hier gibt es einige Dinge, die man preisgünstig erleben kann.

*So fahren beispielsweise die **Buslinien** 6, 88 und 159 an fast allen Sehenswürdigkeiten vorbei und man bekommt auf preiswerte Art eine **Stadtrundfahrt** - wenn auch ohne Erläuterungen.*

***Staatliche Museen** wie z. B. das British Museum, die Tate Modern oder die National Gallery erheben für Besucher keinen Eintrittspreis.*

*Sollte man andere Sehenswürdigkeiten besuchen wollen, lohnt sich der Kauf eines **London Pass,** mit dem man Eintritt zu über 50 Sehenswürdigkeiten erhält. Der Pass kostet für Erwachsene/Kinder für sechs Tage 90/64 £, drei Tage 68/46 £, zwei Tage 55/41 £ und für einen Tag 40/27 £. Der London Pass ist auch als **Kombi-Ticket** für den öffentlichen Nahverkehr (Tube, Bus, DLR) erhältlich und kostet dann für sechs Tage 137/86 £, für drei Tage 90/52 £, für zwei Tage 70/45 £ und für einen Tag 48/29 £. Die Kombi-Variante ist nur im Internet erhältlich, die normale Ausgabe kann man auch vor Ort in allen Reiseinformationszentren in den großen Bahnhöfen oder U-Bahn-Stationen kaufen. Weitere Informationen findet man unter www.londonpass.com.*

▶ *Die Mitarbeiter der Londoner Touristeninformationen helfen bei Fragen und Wünschen gern weiter*

(z. B. von Hotels) sind Kreditkarten heute meist vonnöten. Einige **alteingesessene Geschäfte** und auch **Restaurants** sowie **Pubs** akzeptieren die Plastikwährung dagegen **nicht**.

Wer dennoch lieber **Reiseschecks** verwendet, kann sie ohne Probleme in allen Banken eintauschen, Gleiches gilt für das **Wechseln von Bargeld.**

Die **Öffnungszeiten der Banken** liegen werktags zwischen 9.30 und 16.30 Uhr (manche schließen aber bereits um 15.30 Uhr), nur wenige Geldinstitute haben auch am Samstag geöffnet. An touristisch interessanten Punkten sowie in Gegenden, in denen es viele Hotels gibt, findet man auch eine Reihe von rund um die Uhr geöffneten **Wechselstuben**, hier sind aber die Kurse schlechter und man hat außerdem eine Gebühr (bis zu 5 %) zu zahlen.

INFORMATIONS-QUELLEN

INFOSTELLEN ZU HAUSE

Britische Botschaften in Deutschland, Österreich und der Schweiz

> **Deutschland:** Wilhelmstr. 70-71, 10117 Berlin, www.britischebotschaft.de, Tel. 030 204570, Mo-Fr 9-17.30 Uhr
> **Österreich:** Jaurèsgasse 12, 1030 Wien, Tel. 01 716130, www.britishembassy.at, Mo-Fr 9-13 und 14-17 Uhr
> **Schweiz:** Thunstr. 50, 3005 Bern, Tel. 031 3597700, www.britishembassy.ch, Mo-Fr 9-12 und 13-15 Uhr

Fremdenverkehrsämter

Unter **www.visitbritain.com** hat man die Möglichkeit, sich im Internet

PRAKTISCHE REISETIPPS
Informationsquellen

bereits von zu Hause aus über Land und Leute zu informieren und seinen Urlaub zu planen.

› **Deutschland:** Visit Britain, Dorotheenstr. 54, 10117 Berlin.
› **Österreich:** Britain Visitor Centre, c/o British Council, Siebensternstr. 21, 1070 Wien, Tel. 0800 150170
› **Schweiz:** Visit Britain, Tel. 0844 007007, ch-info@visitbritain.org. Für schriftliche Anfragen ist das deutsche Büro in Berlin zuständig.

INFOSTELLEN IN DER STADT

Touristeninformation

❶134 [K11] **Britain and London Visitor Centre**, 1 Regent Street SW 1, Mo 9.30–18.30 Uhr, Di–Fr 9–18.30 Uhr, Sa–So 10–16 Uhr, U-Bahn Piccadilly Circus. Mit vielsprachigem Personal werden hier Unterkünfte, Stadtrundfahrten und vieles mehr vermittelt.

❶135 [K11] **London Information Centre**, Leicester Square (im Theaterkiosk für verbilligte Theaterkarten), Tel. 72922333, Mo–Sa 10–17 Uhr, So 12–15 Uhr, U-Bahn Leicester Square. Hier kümmern sich 20 mehrsprachige Mitarbeiter täglich von 8 bis 23 Uhr darum, dem Besucher ein möglichst preiswertes Quartier zu besorgen und helfen auch gern bei Reisebuchungen, Ticketkäufen und der Planung von Stadttouren.

› Telefonische Auskünfte über wirklich jeden Aspekt des Londoner Lebens erhält man Mo–Fr 10–22 Uhr, Sa/So 10–16 Uhr von der **Capital Radio Helpline** unter der Nummer 74844000. Kann eine Frage vom Personal nicht beantwortet werden, so wird man zu anderen Auskunftsstellen durchgeschaltet.

Veranstaltungs- und Kartenservice

Außer bei den Touristeninformationen kann man Karten auch an den **Box Offices** der einzelnen Theater bekommen. Auf dem Leicester Square befindet sich außerdem ein **Theaterkiosk** (TKTS Half Price Ticket Booth), der von Mo–Sa 10–17 Uhr, So 12–15 Uhr Theatertickets für den selben Abend zum halben Preis verkauft (zuzüglich 2 £ Bearbeitungsgebühr,

Kreditkarten werden nicht akzeptiert) und immer von schlangestehenden Besuchern umrahmt ist.

Man kann seine Tickets aber auch schon **vor der Reise** buchen:
> West End Theatre Tickets,
> Auf der Schmitt 14, 56626 Andernach, Tel. 02632 496745, Fax 496747, www.westendtickets.de

Fundbüros (Lost Property)

Falls man etwas am **Flughafen** vergisst, helfen einem folgende Telefonnummern weiter:
> Gatwick Airport, Tel. 01293 503162
> Heathrow Airport, Tel. 87457727
> London City Airport, Tel. 7646000
> Luton Airport, Tel. 01582 395219
> Stansted Airport, Tel. 01279 663293

Für im Londoner **Nahverkehr** verlorene Gegenstände sollte man sich an folgende Adressen oder Telefonnummern wenden:
> Liegen gelassenes Gepäck in **Zügen** oder auf **Bahnsteigen:** Tel. 08700 005151
> Für die **U-Bahn** und **Londoner Taxis:** Lost Property Office, 200 Baker Street, U-Bahn Baker Street, Tel. 79182000
> Hat man etwas in einem Londoner **Bus** liegen gelassen, muss man Tel. 72221234 anrufen und sich erkundigen, in welchem Depot der Bus seinen Standort hat.

LONDON IM INTERNET

> www.london.gov.uk:
> Die offizielle Webseite der Stadt London.
> www.visitlondon.com:
> Deutschsprachige Webseite, die von Sehenwürdigkeiten, Unterhaltung und Restaurants bis zu Informationen für Schwule und Leben vieles im Angebot hat.
> www.london.de:
> Ebenfalls deutschsprachig, hier kann man Tickets aller Art bestellen.
> www.londonheute.com:
> Deutschsprachige Webseite mit Informationen zu Anreise, Unterkunft, Freizeit, Kultur, Gastronomie und Einkaufen, die von deutschsprachigen Londonern unterhalten wird.
> **www.tfl.gov.uk:** Die Webseite von London Transport informiert über die öffentlichen Verkehrsmittel der Stadt.

PUBLIKATIONEN UND MEDIEN

Landkarten und Stadtpläne bekommt man in allen Buchgeschäften und bei der Touristeninformation.

Das **Stadtmagazin Time Out,** das jeden Dienstag erscheint, ist bei allen mobilen Zeitungshändlern in den Straßen und vor den U-Bahn-Stationen sowie in Zeitungsgeschäften *(Newsagents)* erhältlich. Eine Onlineausgabe des Magazins findet man auf der Internetseite www.timeout.com/london.

Deutsche Zeitungen wie FAZ, Süddeutsche oder Magazine wie Spiegel und Stern bekommt man ebenfalls bei fast allen *Newsagents* sowie bei der übermächtigen Zeitungskette W. H. Smith in sämtlichen Bahnhöfen.

INTERNETCAFÉS

@**136** [J13] **Easy Internet Café,** 12 Wilton Road, U-Bahn Victoria. Nach eigenen Angaben das größte Internetcafé der Welt.

@**137** [E12] **Easy Internet Café,** 160 Kensington High Street, U-Bahn High Street Kensington

@**138** [K10] **Easy Internet Café,** 9 Tottenham Court Road, U-Bahn Tottenham Court Road

@**139** [J11] **Easy Internet Café,** Piccadilly Circus, in der Filiale von Burger King, U-Bahn Piccadilly Circus

MEINE LITERATURTIPPS

Ein Muss für den ambitionierten London-Besucher ist der Band des englischen Kult-Autors Peter Ackroyd **„London - Die Biographie"**, *in der die Stadt wie ein lebender Organismus beschrieben wird.*

Wer tiefer in die Geschichte Londons eintauchen möchte, der sollte zur **„The London Encyclopaedia"** *von Weinreb und Hibbert greifen, in der alle möglichen Stichworte lexikalisch aufgelistet und beschrieben werden.*

In dem Band **„1999"** *findet Martin Amis, Sohn des Schriftstellers Kingsley Amis, sein Thema in der Furcht der Londoner Mittelschicht vor dem drohenden wirtschaftlichen Absturz. Hier glimmt die Thatcher-Ära nach.*

In dem schon 1959 erschienenen Roman **„Absolute Beginners"**, *der erst 1986 auf deutsch erschienen ist, beschreibt Colin MacInnes wortstark die jugendliche Subkultur in den 1950er-Jahren des Nachkriegs-Englands.*

Zadie Smiths Debütroman **„Zähne zeigen"** *erzählt von drei nicht in die Gesellschaft integrierten Einwandererfamilien im Norden Londons und zeigt die unterschiedlichen Kulturen auf, die hier aufeinanderprallen.*

Ein ähnliches Thema greift Hanif Kureishi mit **„Der Buddha aus der Vorstadt"** *auf, das die Hoffnungen und Sehnsüchte einer Gruppe asiatischer Migranten zum Thema hat.*

Auch **„Brick Lane"** *von Monica Ali beschreibt das Schicksal einer ausländischen Frau in London: Es handelt von dem Lebensweg der Nazrneen, einer Muslima aus Bangladesch.*

Sehr komisch kommt Nick Hornbys Roman **„High Fidelity"** *daher, der an einem Beispiel die Kultur der Generation der Mittdreißiger beleuchtet, in der sich die Existenz auf die Frage reduziert, ob man mit jemandem zusammenleben kann, dessen Plattensammlung nicht zur eigenen passt.*

Virginia Woolf Klassiker **„Mrs. Dalloway"** *beobachtet mit großer Schärfe das Leben mehrerer Personen an einem Tag im London des Jahres 1923.*

Obwohl er sie gar nicht selbst miterlebt hat, schildert uns Daniel Defoe in **„Die Pest zu London"** *die gewaltige Epidemie von 1665 und lässt den Leser am Grauen der unbekannten Krankheit fesselnd teilhaben.*

1903 publizierte Jack London seine eigenen Erfahrungen in den Armutsvierteln der Stadt, wo er sich unter die Leute gemischt und ihren prekären Alltag geteilt hatte unter dem Titel **„Die Stadt der Verdammten"**.

Die Literaturnobelpreisträgerin Doris Lessing beobachtet in **„Der Preis der Wahrheit"** *in 18 Kurzgeschichten die Stadt und ihre Bewohner.*

Der sozialkritische Schriftsteller Charles Dickens lässt den Leser in seinem **„Oliver Twist"** *teilhaben an den Abenteuern eines Jungen in London, der einer Diebesbande in die Hände fällt und durch große Gefahren gehen muss. Interessant ist der Band allein schon wegen der Beschreibung des viktorianischen London.*

Jake Arnotts **„Der große Schwindel"** *spielt im Soho der 1960er-Jahre und ist hart, rasant geschrieben und humorvoll zu lesen.*

Graham Greenes **„Das Ende einer Affäre"** *spielt im kriegsverwüsteten London am Ende des Zweiten Weltkriegs und zeigt die Nöte der Menschen in der urbanen Wüste auf.*

MASSE UND GEWICHTE

Mit Ausnahme der Meile (1523 m) und des Hohlmaßes Pint (0,568 l) gelten in Großbritannien die gleichen Maß- und Gewichtsangaben wie hierzulande auch.

MEDIZINISCHE VERSORGUNG

Der in den letzten Jahren auf wesentlich besserem Niveau arbeitende **National Health Service (NHS)** behandelt alle britischen Bürger sowie die Besucher aus EU-Staaten kostenlos.

Folgende **Krankenhäuser** haben einen rund um die Uhr arbeitenden Notdienst:
- **140** [012] **Guy's Hospital**, St. Thomas Street, Tel. 71887188, U-Bahn London Bridge Station
- **141** [Q10] **Royal London Hospital**, Whitechapel Road, Tel. 73777000, U-Bahn Whitechapel
- **142** [L12] **St. Thomas Hospital**, Lambeth Palace Road, Tel. 71887188, U-Bahn Westminster
- › Bei **Zahnschmerzen** wendet man sich an den Dental Emergency Care Service im Guy's Hospital unter Tel. 71880511

KONFEKTIONSGRÖSSEN

(D - GB)

Damen		Herren	
36	10	46	36
38	12	48	38
40	14	50	40
42	16	52	42
44	18	54	44
46	20	56	46
48	22		
50	24		

Schuhe	
36	3-3,5
37	4-4,5
38	5-5,5
39	5,5-6
40	6,5-7
41	7-7,5
42	7,5-8
43	8,5-9
44	9,5-10
45	10-10,5
46	11-11,5

MIT KINDERN UNTERWEGS

Naturgemäß haben Kinder und Erwachsene meist unterschiedliche Vorstellungen von einer Besichtigungstour, doch eine 30-minütige Rundfahrt mit dem Riesenrad **London Eye** ❸ ist auch für Kinder auf jeden Fall interessant, das Gleiche gilt für einen Besuch des direkt nebenan gelegenen **London Aquarium** ❸. Im **Globe Theatre** ❸ entwickelt der Nachwuchs vielleicht sein Interesse für die Bühne oder beschließt auf der **Golden Hinde** ❸, mit der Sir Francis Drake die Welt umsegelte, Seefahrer zu werden.

Ein Besuch in dem weltberühmten Wachsfigurenkabinett **Madame Tussaud's** ❶ und im gruseligen **London Dungeon** (s. S. 65) sind zweifellos ein Muss. Verpflichtend ist sicher aber auch ein Besuch auf dem schweren Kreuzer **HMS Belfast** ❷. Auf diesem ausgedienten Kriegsschiff aus dem Zweiten Weltkrieg kann man alle sieben Decks genau unter die Lupe nehmen.

PRAKTISCHE REISETIPPS
Notfälle

Im **Tower** ㉔ und dem **Museum of London** ㊺ bekommt man einen spannenden Einblick in die Geschichte der Stadt und ein Abstecher zu den Gauklern, Feuerschluckern und Musikern in **Covent Garden** ❿ darf natürlich auch nicht fehlen. In Viertel Kensington lockt das **Natural History Museum** ⓰ mit Saurierskeletten und im **Science Museum** ㊾ können Kinder und Jugendliche selbstständig physikalische Prozesse in Gang setzen. Eine Flussfahrt nach Greenwich ist immer interessant, da man die Stadt einmal aus einer anderen Perspektive erleben kann und in Greenwich selbst vermitteln die **Cutty Sark** ⓴ (die zurzeit aber leider renoviert wird), das **National Maritime Museum** ⓰ und das **Royal Observatory** (die **Sternwarte**) ⓱ mit dem Planetarium Seefahrerromantik. Von **Little Venice** ⓲ aus läßt sich eine Bootsfahrt auf den alten Kanälen machen, die früher der Versorgung der Metropole dienten, dabei schippert man dann auch durch das Areal des **London Zoo** ⓭.

NOTFÄLLE

Sämtliche Hilfseinrichtungen wie z. B. Polizei, Krankenwagen und Feuerwehr sind über die **zentrale Notrufnummer 999** erreichbar.

Bei **Verlust** von deutschen **Maestro-, Kredit- und SIM-Karten** gilt überwiegend die einheitliche **Sperrnummer 0049 116116**, im Ausland zusätzlich die Nummer 0049 3040504050. Details finden sich im Internet unter www.sperr-notruf.de. Es empfiehlt sich, vor der Reise (von einem erhaltenen Merkblatt bzw. der Kartenrückseite) die individuelle Karten-Sperrnummer zu notieren.

▲ *Ein Besuch von Buckingham Palace* ㉒ *ist nicht nur für Erwachsene spannend*

Da es leider für **österreichische und Schweizer Karten** keine zentrale Sperrnummer gibt, sollten sich deren Inhaber nach einer aktuell gültigen Notrufnummer ihres jeweiligen Kreditkartenanbieters erkundigen.

Polizeidienststellen findet man in der Innenstadt z. B. unter folgenden Adressen:
- Charing Cross Police Station, Agar Street, U-Bahn Covent Garden, Tel. 72401212
- Chelsea Police Station, 2 Lucan Place, U-Bahn Soane Square, Tel. 75891212
- Kensington Police Station, 72 Earl's Court Road, U-Bahn High Street Kensington, Tel. 73761212
- West End Police Station, 27 Savile Row, U-Bahn Piccadilly Circus, Tel. 74371212

ÖFFNUNGSZEITEN

- **Ämter und Firmen:** Mo-Fr 9-17 Uhr
- **Banken:** Mo-Fr 9-16.30 Uhr (manche schließen auch schon um 15.30 Uhr)
- **Geschäfte:** Mo-Sa 10-18 Uhr oder länger nach eigener Wahl, So nach eigener Wahl 11-17 oder 12-18 Uhr
- **Museen:** in der Regel 10-17 oder 18 Uhr, einmal die Woche länger
- **Post:** Mo-Fr 9-17.30, Sa 9-12 Uhr
- **Pubs:** generell 11-23 Uhr, So bis 22.30 Uhr. Wirte mit einer gesonderten Lizenz können ihre Kneipen auch bedeutend länger geöffnet haben.
- **Restaurants:** Mo-Fr 12/12.30-14.30/15 Uhr und 19/19.30-23/24 Uhr, Sa/So 18/19-23/24 Uhr

▶ *In den Fahrrad-Depots warten bequeme Citybikes auf Benutzer*

POST

Briefmarken bekommt man nicht nur bei allen Postämtern, sondern auch in den Zeitschriftenläden *(Newsagents)* sowie in vielen Supermärkten.
- Als **Hauptpostamt** der Metropole mit den längsten Öffnungszeiten gilt das **Trafalgar Square Post Office**, 24 William IV. Street, Mo-Fr 8.30-18.30 Uhr, Sa 9-17.30 Uhr. Alle anderen Postfilialen haben Mo-Fr 9-17.30 Uhr und Sa 9-12 Uhr geöffnet. .
- Für generelle Postauskünfte siehe www.postoffice.co.uk

RADFAHREN

An allen wichtigen Sehenswürdigkeiten, Bahnhöfen, großen U-Bahn-Stationen oder anderen wichtigen Knotenpunkten in der Stadt befinden sich **Fahrrad-Depots**. Hier kann man sich für wenig Geld einen Drahtesel für wenige Minuten, mehrere Stunden oder einen ganzen Tag leihen. Die geliehenen Räder müssen wieder in ein „Depot" eingestellt werden, man kann sie also nicht einfach irgendwo stehen lassen. Um den Service zu nutzen, muss man sich unter www.tfl.gov.uk/roadusers/cycling/11598.aspx registrieren lassen.

Bei Transport for London bekommt man **Fahrradkarten** der Stadt.
- Transport for London: www.tfl.gov.uk
- London Cycle Network: www.londoncyclenetwork.org.uk
- London Cycling Campaign: www.lcc.org.uk

FAHRRADVERMIETUNG UND -TOUREN

Die **London Bicycle Tour Company**, 1 a Gabriel's Wharf, 56 Upper Ground,

South Bank, www.londonbicycle.com, Tel. 79286838, U-Bahn Southwark, Blackfriars, Waterloo, vermietet Fahrräder und bietet Sa/So **geführte Radtouren** an.

SCHWULE UND LESBEN

Schwule und Lesben erhalten Informationen aller Art bei:
› **London Friend**, www.londonfriend.org.uk, Tel. 78373337. London Friend ist eine bereits seit 35 Jahren arbeitende Organisation, in der Freiwillige sich um alle Belange von Homo-, Trans- und Bisexuellen kümmern und im Internet überblickartig ihre Leistungen vorstellen.
› **London Lesbian & Gay Switchboard**, Tel. 78377324, www.queery.org.uk. „Queery" liefert Veranstaltungshinweise für Großbritannien und Nordirland.
› Das Stadtmagazin **Time Out** hat einen **Gay & Lesbian London Guide** zum Preis von 10 £ auf dem Markt, der im Buchhandel verkauft wird.
› Der bedeutendste Club mit dem größten Angebot aller Londoner Schwulendiscos ist **G-A-Y@The Astoria**, 157 Charing Cross Road, Tel. 74349592, www.g-a-y.co.uk, U-Bahn Tottenham Court Road, Mo, Do, Fr, Sa.
› Das **Heaven**, The Arches, Villiers Street, Tel. 79302020, www.heaven-london.com, U-Bahn Charing Cross, besteht seit mehr als 25 Jahren und ist der berühmteste Klub für die Schwulengemeinde in der Metropole.
› Bei den Pubs kann man **Barcode** in Soho hervorheben, 3 Archer Street, Tel. 77343342, U-Bahn Piccadilly oder Leicester Square. Der Pub bietet über zwei Stockwerke viel Kommunikation und unten auch eine Tanzfläche. Dienstagabends gibt es ein Kabarett-Programm unter dem Namen Comedy Camp, das sehr beliebt ist.
› Die **Candy Bar** in Soho, 4 Carlisle Street, Tel. 74944041, www.candybarsoho.com, U-Bahn Tottenham Court Road, ist ein Refugium für Lesben der gesamten Alterspalette.

SICHERHEIT

Eine Weltmetropole wie London hat natürlich mit dem gesamten kriminalistischen Spektrum zu kämpfen. In den letzten Jahren haben verantwortungslos handelnde Medien und geltungssüchtige Politiker vor allem **terroristische Angriffe** in den Fokus ihrer Warnungen gestellt und eine Atmosphäre der permanenten Unsicherheit geschürt. Die Londoner Bevölkerung, seit Jahrzehnten latent bedroht durch die Irish Republican Army (IRA), lässt sich von solcherlei Szenarien aber kaum beeindrucken und trägt die typisch britische Haltung des „Jetzt erst recht" mit eindrucksvoller Stärke vor sich her. Der ausländische Besucher, der maximal in einen Betrug oder Diebstahl verwickelt werden kann, sollte sich von **künstlich geschürter Angst** vor Kriminalität und Terror den Aufenthalt in einer der faszinierendsten Städte der Welt nicht vermiesen lassen. Letztendlich gilt, dass man sich in London genauso verhalten sollte wie in einer Großstadt zu Hause.

Generell gilt: Es gibt im Londoner Stadtbezirk **keine sogenannten „No Go Areas"**. Halten Sie Geldbörsen eng und nicht sichtbar am Körper. Lassen Sie keine Taschen oder Kleidungsstücke unbeaufsichtigt. Nehmen Sie vor allem nachts keine **Abkürzungen** durch Parks, kleine dunkle Straßen, Parkhäuser etc.

Generell gilt, dass Londoner **Polizisten** gegenüber ausländischen Besuchern eine ausgesuchte Höflichkeit und sehr große Hilfsbereitschaft an den Tag legen. Wer sich dennoch durch die Polizei schlecht behandelt fühlt, der achte auf die **Identifizierungsnummer** des Polizisten, die deutlich sichtbar an der Schulterepaulette angebracht ist, und wende sich dann mit seiner Beschwerde an die Independent Police Complaint Commission, 90 High Holborn, London WC1 V6BH, Tel. 0845 3002002.

SPRACHE

Als Besucher kommt man mit seinem Schulenglisch in London gut zurecht. An den Rezeptionen der Hotels sprechen viele Mitarbeiter außerdem deutsch und französisch und dasselbe gilt für die Mitarbeiter der Touristeninformationen. Im Anhang dieses Führers gibt es zusätzlich eine kleine

◄ *Sicherheit wird in London großgeschrieben*

► *Bequemes Sightseeing - mit dem Bus durch London*

Sprachhilfe Deutsch–Englisch und der Sprechführer „Kauderwelsch Englisch – Wort für Wort" aus dem REISE KNOW-HOW Verlag vermitteln schnell und einfach Grundkenntnisse.

STADTTOUREN, ORGANISIERTE

GUIDED WALKS

Ganz ausgezeichnet sind die *Guided Walks* der Firma **The Original London Walks**, www.walks.com, Tel. 76243978. Buchungen sind nicht notwendig: Man trifft sich zu einer bestimmten Zeit vor einer bestimmten U-Bahn-Station, zahlt seinen Obolus (in der Regel 8 £) und wird von wirklich kompetenten Führern durch bestimmte Bereiche der Stadt geleitet (allerdings nur in englischer Sprache). Im Angebot sind u. a.:

› **Shakespeare's London,** Mo, Sa 10 Uhr, U-Bahn Westminster, Exit 4
› **Old Westminster – 1000 Years of History,** Di 14, Sa 11 Uhr, U-Bahn Westminster, Exit 4
› **The Beatles „In My Life" Walks,** Di, Sa 11.20 Uhr, U-Bahn Marylebone
› **The Along the Thames Pub Walk,** Mo, Mi, Fr 19 Uhr, U-Bahn Blackfriars, Exit 3
› **Ghost of the Old City,** Di 19.30, U-Bahn St. Paul's
› **Jack the Ripper Haunts,** Mo–Fr 19.30 Uhr, U-Bahn Tower Hill
› **Hidden London,** Fr 11 Uhr, U-Bahn Monument, Exit Fish Hill Street
› **Charles Dickens' London,** Fr 14.30 Uhr, U-Bahn Temple

Von Anfang März bis Ende Oktober bietet **London Tours auf Deutsch** (www.londontoursaufdeutsch.com, Tel. 74874736) von Freitag bis Sonntag unterschiedliche, geführte Touren in deutscher Sprache an (Erwachsene 15 £/Kinder 7 £). Die ca. zweistündigen Spaziergänge beinhalten auch immer den Besuch eines Museums, einer Galerie oder auch eines Pubs. Voranmeldung ist nicht notwendig,

man tifft sich an den jeweiligen U-Bahn-Stationen. Im Angebot sind:
- **The City of London and Southwark Tour,** Sa 14.15 Uhr, U-Bahn London Bridge, Ausgang Tooley Street, vor der Starbucks Kaffeebude
- **Soho und Covent Garden Tour,** Fr 16.30 Uhr, U-Bahn Oxford Circus, Exit 6, Argyll Street
- **Jack the Ripper's London/Pub Tour,** So 13.30 Uhr, U-Bahn Liverpool Street, vor dem McDonald's
- **Westminster–Whitehall–St. James's Tour,** So 10.30 Uhr, U-Bahn Green Park, Exit Piccadilly South

STADTRUNDFAHRTEN

Es gibt ein kaum überschaubares Angebot an Stadtrundfahrten durch London. In der Zeit von 10 bis 17 Uhr fahren z. B. an folgenden Straßen und Plätzen **Sightseeingbusse** im regelmäßigen Turnus ab: Trafalgar Square, Piccadilly Circus, Westminster Abbey, Russel Square und Whitehall. Man bekommt einen Kopfhörer, den man neben seinem Sitz einstöpseln kann, und wählt an einem Drehschalter die gewünschte Sprache. Die Tickets sind einen ganzen Tag lang gültig, sodass man die Rundfahrt auch beliebig unterbrechen kann, um eine der Sehenswürdigkeiten genauer unter die Lupe zu nehmen. Danach steigt man dann einfach in den nächsten Bus und fährt weiter.

TELEFONIEREN

Im gesamten Londoner Stadtgebiet gibt es **öffentliche Telefonzellen**, die mit Münzgeld und/oder der Kreditkarte genutzt werden können. Man kann sich in den Zellen auch anrufen lassen: Die Nummer ist gut sichtbar am Gerät angebracht.

▲ *Werden langsam vom Handy ersetzt: die roten Telefonzellen*

Das deutsche **Handy** (im Englischen *mobile phone* oder *portable phone*) kann auch in England problemlos genutzt werden. Es loggt sich im Normalfall automatisch in bestehende Netze ein, man kann sich aber auch bei seiner Mobilfunkgesellschaft erkundigen, welcher Anbieter vor Ort der günstigste ist und dann dessen Netz manuell anwählen. Nicht zu vergessen sind die **passiven Kosten**, wenn man von zu Hause angerufen wird (Mailbox abstellen!). Wer vorhat, in London viel zu telefonieren und über ein **SIM-lock-freies Mobiltelefon** verfügt, kann sich auch eine **örtliche Prepaidkarte** besorgen. Man hat dann allerdings eine andere Telefonnummer.

Um **ins Ausland telefonieren** zu können, muss man 0049 (Deutschland), 0043 (Österreich), 0041 (Schweiz) und daran anschließend die gewünschte Ortsnetzkennzahl ohne die Null wählen. **Aus dem Ausland** muss man für Großbritannien 0044 eingeben und die nachfolgende 0 der Vorwahl entfällt dann ebenfalls.

Die **Londoner Vorwahl** ist 020 und muss innerhalb des Stadtgebietes von Festnetzanschlüssen aus nicht mitgewählt werden.

Die **Notrufnummer** für Polizei, Feuerwehr, Krankenwagen etc. lautet 999.

UHRZEIT

In Großbritannien gilt die **Greenwich Mean Time,** die unserer mitteleuropäischen Zeit um eine Stunde „hinterherhinkt", und zwar egal ob Sommer- oder Winterzeit. Die Uhrzeiten werden mit a.m. und p.m. angegeben:
> 10 a.m. = 10 Uhr morgens
> 10 p.m. = 22 Uhr abends

UNTERKUNFT

Man sollte nicht nach London fliegen, ohne vorher verbindlich eine Unterkunft gebucht zu haben, und es empfiehlt sich, nicht direkt in einem Hotel zu buchen, sondern zuvor die Kataloge deutscher Reiseveranstalter zu konsultieren. Diese Agenturen buchen pro Saison Hunderte, wenn nicht Tausende von Zimmern und geben den dadurch entstandenen Preisvorteil zumindest teilweise an ihre Kunden weiter. Als Faustregel gilt, dass Hotels, die auch von Reisebüros angeboten werden, bei individueller Buchung rund ein Drittel teurer sind.

HOTELS UND BED & BREAKFAST

Die £-Zeichen geben einen Hinweis auf den Preis eines normalen Doppelzimmers pro Nacht.

£	unter 120 £
££	100–150 £
£££	150–230 £
££££	über 230 £

Preiswert

143 [K10] **Arosfa** £, 83 Gower Street, Tel. 76362115, www.arosfalondon.com, U-Bahn Goodge Street. Ein ehemaliges Townhouse in großartiger Lage in Bloomsbury, im Zentrum der Metropole, spartanisch eingerichtete En-suite-Zimmer mit teilweise winzigen Bädern.

144 [E11] **Garden Court Hotel** £, 30 Kensington Garden Square, Tel. 72292553, www.gardencourthotel.co.uk, U-Bahn Bayswater oder Queensway. Das kleine Haus bietet Zimmer mit und ohne Bad, ist seit mehr als 50 Jahren im Besitz der gleichen Familie und wurde kürzlich umfassend renoviert. Atmosphärereiche, modern eingerichtete Zimmer, eine luftige Lounge mit bequemen Ledersofas vor

PRAKTISCHE REISETIPPS
Unterkunft

dem Kamin, wie der Name schon sagt mit einem geschützten Garten.

145 [G6] **Hampstead Village Guesthouse** £, 2 Kemplay Road, www.hampsteadguesthouse.com, Tel. 74358679, U-Bahn Hampstead. Komfortables Bed & Breakfast in einem alten viktorianischen Haus im Zentrum des einstigen Dörfchens Hampstead. Die meisten der individuell eingerichteten neun Zimmer sind mit Bad/Dusche und WC, im Sommer mit Frühstück im Garten.

146 [K9] **Montana Excel Hotel** £, 18 Argyle Sq., www.stpancrashotels.co.uk, Tel. 78373664, U-Bahn Charing Cross. Winzige, aber ordentliche Zimmer, alle mit Bad/Dusche und WC, für die Innenstadt gutes Preis-Leistungs-Verhältnis.

147 [K9] **Montana Hotel** £, 16 Argyle Square, www.stpancrashotels.co.uk, Tel. 78373664, U-Bahn Charing Cross. Winzige, ordentliche Zimmer, einige mit Dusche, ansonsten nur Waschbecken, Toilette immer außerhalb.

148 [I13] **Morgan House** £, 120 Ebury Street, www.morganhouse.co.uk, Tel. 77302384, U-Bahn Pimlico, Victoria. Privates Bed & Breakfast im Zentrum der Metropole, kleine ordentliche Zimmer mit Bad/Dusche und WC.

149 [L12] **Premier Travel Inn London County Hall** £, County Hall, Belvedere Road, www.premierinn.com, Tel. 08702383300, U-Bahn Westminster. Haus einer Hotelkette in unschlagbarer Lage direkt am Themseufer in der alten London County Hall gegenüber der Houses of Parliament und neben dem London Eye, einfach ausgestattete Zimmer mit Bad/Dusche und WC allerdings ohne Themseblick, da der attraktivere Teil der einstigen Stadthalle vom teuren Marriott Hotel belegt ist.

150 **Riverside Hotel** £, 23 Petersham Road, Richmond-on-Thames, Tel. 89401339, www.riversiderichmond.co.uk, U-Bahn Richmond. Im Südwesten Londons im einstigen Örtchen Richmond direkt an der Themse gelegen, schöne Zimmer mit Bad, Garten und Themseblick, eingerichtet im traditionellen englischen Landhausstil.

Mittelkasse

151 [H10] **22 York Street** £, 22 York Street, www.22yorkstreet.co.uk, Tel. 72242990, U-Bahn Baker Street. Wenn man vor der Haustür steht, kündet nichts von einem Beherbergungsbetrieb, Liz und Michael Collins verlassen sich für ihr exklusives Bed & Breakfast ganz auf Mundpropaganda, komfortable Zimmer in zwei zusammengelegten Stadthäusern.

152 [G13] **Aster House** £££, 3 Summer Place, Tel. 75815888, www.asterhouse.com, U-Bahn High Street Kensington. Ein mehrfach preisgekröntes Bed & Breakfast mit geräumigen komfortablen Räumen, Garten mit Teich und ein palmenbewachsener Wintergarten für das Frühstück.

153 [F14] **Hotel 167** ££, 167 Old Brompton Road, Tel. 73730627, U-Bahn Gloucester Road oder South Kensington. Seit 30 Jahren von einer irischen Familie betrieben, die freundlichen Zimmer präsentieren sich aus einem Mix von Altem und Neuem, viktorianisches Mobiliar neben neuen Betten, alte Gemälde neben modernen Grafiken.

154 [M11] **Mad Hatter** ££, 3 Stamford Street, www.fullershotels.com, Tel. 74019222, U-Bahn Southwark, Waterloo. Gehört zur „Fuller's"-Kette, demzufolge befinden sich die 30 angenehmen, komfortabel ausgestatteten Zimmer (mit Bad/Dusche und WC) über einer Kneipe aus dem 19. Jh.; kurze Fußwege u. a. zum Globe Theatre und der Tate Modern.

155 [N11] **Southwark Rose** ££-£££, 43 Southwark Bridge Road, Tel. 70151480, www.southwarkrosehotel.co.uk, U-Bahn London Bridge. Funktional eingerichtete

PRAKTISCHE REISETIPPS
Unterkunft

Zimmer, kurze Fußwege u. a. zur Tate Modern und zur Tower Bridge.

156 [E12] **Vicarage Hotel** ££, 10 Vicarage Gate, Tel. 77294030, www.londonvicaragehotel.com, U-Bahn High Street Kensington. Die öffentlichen Räumlichkeiten dieses ehemaligen viktorianischen Wohnhauses scheinen von gehobenem Niveau, die Zimmer (einige mit, einige ohne Bäder) können dem allerdings nicht ganz folgen, trotzdem gutes Preis-Leistungs-Verhältnis.

157 [M9] **Zetter Restaurants & Rooms** £££, 86 Clerkenwell Road, Tel. 73244444, www.thezetter.com, U-Bahn Farringdon. Ein Loft-Hotel in einem umgebauten Lagerhaus, geschmackvoll eingerichtet im Stil der 1970er-Jahre; helle, lichtdurchflutete Räume und das italienische Restaurant ist ausgezeichnet.

Teuer

158 [H13] **Cadogan** ££££, 75 Sloane St., Tel. 72357141, www.cadogan.com, U-Bahn Sloane Square. Edward VII. traf sich hier mit seiner Geliebten und Oscar Wilde wurde in Zimmer Nr. 118 verhaftet.

159 [K11] **Hazlitt's** ££££, 6 Frith Street, Tel. 74341771, www.hazlittshotel.com, U-Bahn Tottenham Court Road. Mitten in Soho gelegen, war dieses Hotel im 18. Jh. einmal die Residenz des Essayisten William Hazlitt. Individuell und geschmackvoll eingerichtete Zimmer.

160 [I11] **The Dorchester** ££££, 53 Park Lane, www.thedorchester.com, Tel. 76298888, U-Bahn Hyde Park Corner. Eines der ganz großen, traditionsreichen Hotels der Metropole, riesige Lobby und gediegene, vornehme Atmosphäre.

● [J11] **The Ritz** ££££, 150 Piccadilly, Tel. 74938181, www.theritzlondon.com, U-Bahn Green Park. Der Name Ritz ist in die englische Umgangssprache eingegangen und bedeutet so viel wie „außerordentlich luxuriös", genauso sieht es auch in diesem Haus aus.

WOHNEN BEI PRIVATLEUTEN

Es gibt verschiedene Agenturen, die Unterkünfte in Privatwohnungen und -häusern vermitteln. Je nach Lage und Ausstattung schwanken hier die Preise zwischen 25 und 75 £ für ein Einzelzimmer und zwischen 55 und 105 £ für ein Doppelzimmer.

› **At Home in London,** Tel. 87481945, www.athomeinlondon.co.uk
› **Bulldog Club,** Tel. 02392 631714, www.bulldogclub.com
› **Host & Guest Service,** Tel. 73859922, www.host-guest.co.uk
› **London Bed & Breakfast Agency,** Tel. 75867268, www.londonbb.com
› **London Homestead Services,** Tel. 72865115, www.lhslondon.co.uk

JUGENDHERBERGEN UND HOSTELS

Jugendherbergen

London hat sieben Jugendherbergen *(youth hostels)*, für deren Benutzung man einen internationalen **Jugendherbergsausweis** haben muss (die Unterkunftspreise werden sonst mit 2 £ mehr berechnet). Einen solchen Ausweis (Preis: unter 26 Jahre 12,50 €, sonst 21 €) bekommt man in jeder Jugendherberge oder beim Deutschen Jugendherbergswerk unter www.jugendherberge.de.

Alle Jugendherbergen haben **Doppelzimmer** und **Schlafsäle**. Die zentrale Webseite für sämtliche englischen Youth Hostels lautet www.yha.org.uk. Die Preise für eine Übernachtung beginnen bei 16 £.

161 [E14] **Earl's Court,** 38 Boltons's Garden, Tel. 0870 7705804, U-Bahn Earl's Court, 186 Betten

162 [D12] **Holland Park,** Holland Walk, Tel. 0870 7705866, U-Bahn High Street Kensington, 200 Betten

- 🛏 **163** [J10] **London Central,** 104 Bolsover Street, Tel. 0870 7706144, U-Bahn Great Portland Street, 294 Betten
- 🛏 **164** [S12] **London Thameside,** 20 Salter Road, Tel. 0870 7706010, U-Bahn Rotherhithe, 320 Betten
- 🛏 **165** [J10] **Oxford Street,** 14 Noel Street, Tel. 0870 7705984, U-Bahn Oxford Circus oder Tottenham Court Road, 75 Betten
- 🛏 **166** [K9] **St. Pancras,** 79 Euston Road, Tel. 0870 7706044, U-Bahn King's Cross, 152 Betten
- 🛏 **167** [N11] **St. Paul's Youth Hostel,** 36 Carter Lane, Tel. 0870 7705764, U-Bahn St. Paul's oder Blackfriars, 190 Betten

Private Hostels

Für privat betriebene Hostels benötigt man **keinen Jugendherbergsausweis**. Sie sind in der Ausstattung mit den obigen Häusern vergleichbar, liegen meist aber näher am Zentrum.

- 🛏 **168** [L9] **Ashlee House,** 261 Gray's Inn Road, www.ashleehouse.co.uk, Tel. 78339400, U-Bahn King's Cross, ein Hostel mit Stil, DZ 50 £, Schlafsaal ab 11 £
- 🛏 **169** [F13] **Astor Kensington Hostel,** 138 Cromwell Road, Tel. 73735138, www.astorhostels.com, U-Bahn Kensington High Street, Schlafsaal ab 16 £
- 🛏 **170** [K10] **Astor Museum Inn Hostel,** 27 Montague Street, Tel. 75805360, www.astorhostels.com, U-Bahn Tottenham Court Road, Schlafsaal ab 18 £
- 🛏 **171** [F11] **Astor Quest Hostel,** 45 Queensborough Terrace, Tel. 72297782, www.astorhostels.com, U-Bahn Bayswater, Queensway, Schlafsaal ab 16 £
- 🛏 **172** [J14] **Astor Victoria Hostel,** 71 Belgrave Street, www.astorhostels.com, Tel. 78343077, U-Bahn Victoria, Schlafsaal ab 16 £
- 🛏 **173** [F11] **Backpackers Hostel London,** 55 Inverness Terrace, Tel. 72299982, www.backpackershostellondon.com, U-Bahn Bayswater, Schlafsaal 16 £
- 🛏 **174** [K9] **Generator,** 37 Tavistock Place, Tel. 73887666, www.generatorhostel.co.uk, U-Bahn Russell Square, DZ 40 £, Schlafsaal 15 £
- 🛏 **176** [A2] **London Backpackers Hostel,** 1st Floor Queens Parade, Queens Road, Tel. 82031319, www.ukhostels.com, U-Bahn Hendon Central, Schlafsaal 12 £
- 🛏 **177** [J11] **Piccadilly Backpackers Hostel,** 12 Sherwood Street, Tel. 74349009, www.piccadillyhotel.net, U-Bahn Piccadilly, Schlafsaal 12 £

CAMPING

› **Crystal Palace Caravan Club Site,** Crystal Palace Parade, Tel. 87787155, www.caravanclub.co.uk. Ganzjährig geöffneter, gut ausgestatteter Camping und Caravan Park am Rande der Metropole. Wird direkt von Bus Nr. 3 von Piccadilly und Oxford Circus angefahren.

VERHALTENSTIPPS

Touristen sind für Londoner in der U-Bahn ein **stetes Ärgernis**, denn obwohl überall groß und deutlich zu lesen ist, das man bei der Rolltreppenfahrt **rechts steht und links geht**, blockieren die Besucher oft stehend die linke „Spur" und die sich in Eile befindenden Bewohner müssen sich durch die Reihen kämpfen. Um die Nerven der Einheimischen nicht zu strapazieren, sollte man sich **an diese einfache Regel halten**.

Da in Großbritannien **Linksverkehr** herrscht, schaut man beim Wechseln der Straße **entgegen unserer**

▶ *Manche Rolltreppen zur Londoner Tube sind recht steil*

Gewohnheit nach rechts und nicht nach links. Grundsätzlich gilt auch, dass man als Fußgänger **nicht bei roter Ampel** die Straße überqueren sollte, auch wenn die Londoner dies gern tun. Bus- und Taxifahrer halten unvermindert auf solche Leute zu und außerdem hat man ja möglicherweise doch nicht zuerst nach rechts geschaut.

An den Buhaltestellen reihen sich die Briten ordentlich in eine **Schlange (queue)**. Man sollte das Gleiche tun, denn sich vorzudrängeln ist sehr unhöflich.

Und nicht vergessen: Seit Juli 2007 ist das **Rauchen** in sämtlichen öffentlichen Räumen (dazu zählen auch die Pubs) **verboten**.

VERKEHRSMITTEL

U-BAHN (TUBE)

Die Londoner Tube ist nicht nur die **älteste U-Bahn der Welt**, sondern hat auch das **längste Streckennetz**. Eröffnet wurde die Tube am 10. Januar 1863 mit der Metropolitan Railway (die heutige Metropolitan Line). Die Züge wurden damals noch von Dampflokomotiven gezogen. Von der Bezeichnung **Metropolitan Railway** leitet sich weltweit der Name „Metro" ab, in England jedoch sprach man schon Ende des 19. Jh. nur von der „**Underground**". Wenig später führte der Volksmund den Namen „**Tube**" ein, was so viel wie „Röhre" bedeutet. Außerhalb des Londoner Zentrums verkehrt die Tube überirdisch, die Tunnel haben am gesamten Streckennetz nur einen Anteil von ca. 45 %. Vollständig unterirdisch verlaufen nur zwei der insgesamt zwölf Linien – die Victoria und die Waterloo & City Line. Im Schnitt befördert die Tube pro Tag 2,7 Mio. Menschen, an Spitzentagen können es aber bis zu 3,5 Mio. sein.

Das Londoner U-Bahn-Netz ist in verschiedene **Tarifzonen** eingeteilt. Es gibt keine Einheitspreise, zwischen den einzelnen Stationen gelten unterschiedliche Fahrpreise, die man den Auflistungen an den Ticketautomaten entnehmen kann. Bei vielen dieser Automaten muss man den exakten Fahrpreis einwerfen, da sie **kein Wechselgeld** herausgeben (Aufschrift: „No Change").

Die Tube hat äußerst hohe Tarife, daher sollte der Besucher bereits in Deutschland (in jedem Reisebüro möglich) unbedingt die sogenannte **Visitor Travelcard** erstehen, mit der man das gesamte U-Bahn-, Bus- und auch das Docklands-Light-Railway-Netz nutzen kann. Die Karten sind für ein, drei oder sieben Tage gültig. Beim Kauf muss man unbedingt angeben, für wie viele Zonen man eine Karte möchte. Für die in diesem Band beschriebenen Besichtigungen reichen zwei Zonen völlig aus. An großen U-Bahn-Stationen sowie an den Zug-Bahnhöfen bekommt man die Travelcards an den Schaltern von London Transport.

Eine **Tageskarte** für zwei Zonen kostet 7,20 £. Für längere Zeiträume kann man eine **Oyster Card** kaufen, eine Plastikkarte, die man bei den automatischen Sperren einfach über die gelbmarkierte Fläche streicht. Die Oyster Card ist nicht übertragbar. Für die Karte fällt für Besucher eine Aktivierungsgebühr von 2 £ an und man muss sich registrieren lassen. Die Karte kann dann mit Guthaben aufgeladen werden. Für einen Aufenthalt von drei Tagen benötigt man eine Oyster Card mit 20 £, für eine Woche eine Karte mit 30 £.

Ein- und Ausgänge der U-Bahn-Stationen sind durch **automatische Sperren** vor Schwarzfahrern geschützt. Man steckt sein Ticket vorne in den Schlitz dieser Sperren, nimmt es oben wieder heraus und gleichzeitig öffnet sich die Sperre. Auf die gleiche Weise verlässt man am Zielbahnhof die Station, **Tickets** also immer bis zum Verlassen des Bahnhofes **aufbewahren!**

Die ersten Züge fahren ab ca. 5 Uhr morgens, die letzten verlassen das Stadtgebiet zwischen 23.30 und 24 Uhr, sonntags fährt die U-Bahn erst ab 7.30 Uhr. An jeder Tube-Station hängt für die betreffende Linie ein exakter **Fahrplan** aus.

Ausnahmslos auf allen Bahnhöfen ist **Rauchen streng verboten**, seitdem vor einigen Jahren King's Cross Station abbrannte. Vor allem spät am Abend häufen sich **Raubüberfälle** in den Stationen und den Bahnen. Steigen Sie nie in einen leeren Waggon ein! In überfüllten Wagen sind **Taschendiebe** am Werk!

BUSSE

Busse verkehren im innerstädtischen Bereich Mo bis Sa von ca. 6 bis 24 Uhr und So von 7.30 bis 23.30 Uhr, die exakten Zeiten sind an jeder Bushaltestelle (Bus Stop) angeschlagen. Je nach Verkehrsaufkommen kann es zu oft erheblichen **Verspätungen** kommen. Die U-Bahn ist auf alle Fälle

◄ *Ein Symbol für London: der rote Doppeldeckerbus*

schneller, allerdings sieht man auf einer Busfahrt mehr von der Stadt (die Linien 6, 88 und 159 führen an allen Sehenswürdigkeiten vorbei; eine preiswerte Art der Stadtrundfahrt).

Stationsschilder mit dem Zusatz „Request" weisen den Fahrgast darauf hin, dass er beim Nahen eines Busses heftig zu **winken** hat, ansonsten hält der Fahrer nicht an. Man zahlt beim Fahrer. Bereits in einem deutschen Reisebüro sollte man sich die verbilligte **Visitor Travelcard** oder eine Oyster Card besorgen (s. S. 112), denn der öffentliche Nahverkehr in London ist teuer.

Nachtbusse fahren im Schnitt alle 60 Minuten von verschiedenen Stationen im Zentrum (Aldwych, Barbican, Elephant and Castle, Hammersmith, Islington, King's Cross, Liverpool Street, Marble Arch, Notting Hill Gate, Piccadilly Circus, Tottenham Court Road, Victoria Station, Waterloo) zu den städtischen Randgebieten. Alle Busse kreuzen dabei grundsätzlich Trafalgar Square.

Nachtbusse haben ein „N" vor der Routennummer, die Haltestellen kennzeichnen blaue und gelbe Ziffern. **Travelcards gelten nicht für Nachtbusse.**

TAXIS

In London hält man Taxis **per Handzeichen** auf der Straße an. Ein freies Taxi erkennt man an einem beleuchteten Schild mit der Aufschrift „For Hire". Kurze Strecken sind relativ preiswert (wenn man nicht stundenlang im Stau steht), geht die Fahrt über einen Sechs-Meilen-Radius (ca. 10 km) hinaus, so darf der Fahrer die Beförderung ablehnen, in der Regel versucht er jedoch, einen höheren Fahrpreis auszuhandeln (Londoner Taxichauffeure gelten als sehr **ruppig**). Obwohl per Gesetz dazu verpflichtet, weigern sich viele Fahrer, einen Gast in Gegenden zu bringen, in denen sie keinen Kunden für die Rückfahrt finden. Mittlerweile sind die meisten Taxis mit einem elektronischen Taxameter ausgerüstet. Wenn noch eine alte Uhr in Gebrauch ist, so weist eine Tabelle an der Trennscheibe den richtigen Tarif aus. Es gibt **Zuschläge** für jeden weiteren Passagier sowie für große Gepäckstücke und für Fahrten zwischen 20 und 6 Uhr. **Trinkgeld** ist obligatorisch, es sollte ca. 10 % des Fahrpreises betragen. Alle Taxis können telefonisch bei der Zentrale bestellt werden. Radio Taxis (Tel. 72720272) oder Dial a Cab (Tel. 7253500) haben einen 24-Stunden-Service.

Mini Cabs (auch „Saloon Cars" genannt) sind billiger als die Black Cabs, vor allem nachts und an Wochenenden. **Aber:** Die Fahrer haben meist **keine Lizenz**, sie sind in der Regel nicht ordentlich ausgebildet, oft nicht versichert, nicht immer zuverlässig und manchmal sogar gefährlich. Eine der größten und seriöseren Firmen ist Addison Lee, Tel. 73878888, deren Fahrer Kunden in allen Stadtteilen Londons abholen.

Einen speziellen **Taxiservice für Frauen** bekommt man bei Lady Cabs, Tel. 72723300. Hier sind nur Fahrerinnen beschäftigt.

BOOTSFAHRTEN

Vom **Westminster Pier** (unterhalb der Houses of Parliament gelegen) und vom **Greenwich Pier** (unterhalb des Liegeplatzes der Cutty Sark) kann man Bootsfahrten zu einigen herausragenden Sehenswürdigkeiten antreten.

Auskünfte zu Bootsfahrten erhält man unter Tel. 79302062 bei der Westminster Passenger Service Association (im Internet unter www.wpsa.co.uk).

VERSICHERUNGEN

Die **gesetzlichen Krankenkassen** von **Deutschland** und **Österreich** garantieren eine Behandlung im akuten Krankheitsfall auch in Großbritannien, wenn die medizinische Versorgung nicht bis nach der Rückkehr warten kann. Als Anspruchsnachweis benötigt man die **Europäische Krankenversicherungskarte**, die man von seiner Krankenkasse erhält.

Im Krankheitsfall besteht ein Anspruch auf ambulante oder stationäre Behandlung bei jedem zugelassenen Arzt und in staatlichen Krankenhäusern. Da jedoch die **Leistungen** nach den gesetzlichen Vorschriften im Ausland abgerechnet werden, kann man auch gebeten werden, zunächst die Kosten der Behandlung selbst zu tragen. Obwohl bestimmte Beträge von der Krankenkasse hinterher erstattet werden, kann ein Teil der finanziellen Belastung beim Patienten bleiben und zu Kosten in kaum vorhersagbarem Umfang führen. Deshalb wird der Abschluss einer **privaten Auslandskrankenversicherung** dringend empfohlen. Diese sollte eine zuverlässige **Reiserückholversicherung** enthalten, denn der Krankenrücktransport wird von gesetzlichen Krankenkassen nicht übernommen.

Schweizer sollten bei ihrer Krankenversicherungsgesellschaft nachfragen, ob die **Auslandsdeckung** auch für Großbritannien inbegriffen ist. Sofern man keine Auslandsdeckung hat, kann man sich kostenlos bei Soliswiss (Gutenbergstr. 6, 3011 Bern, Tel. 031 3810494, info@soliswiss.ch, www.soliswiss.ch) über mögliche Krankenversicherer informieren.

Zur Erstattung von Kosten benötigt man ausführliche **Quittungen** (mit Datum, Namen, Bericht über Art und Umfang der Behandlung, Kosten der Behandlung und Medikamente).

Der Abschluss einer **Jahresversicherung** ist in der Regel **kostengünstiger** als mehrere Einzelversicherungen. Günstiger ist auch die Versicherung als Familie statt als Einzelpersonen. Hier sollte man nur die Definition von „Familie" genau prüfen.

Ist man mit einem Fahrzeug unterwegs, ist der Europaschutzbrief eines Automobilklubs eine Überlegung wert. Ob es sich lohnt, weitere Versicherungen (Reiserücktritts-, Reisegepäck-, Reisehaftpflicht- oder Reiseunfallversicherung) abzuschließen, ist individuell abzuklären.

Egal für welche Versicherungen man sich entscheidet, hier ein Tipp: Für alle abgeschlossenen Versicherungen sollte man die **Notfallnummern notieren** und mit der **Policenummer gut aufheben**! Bei Eintreten eines Notfalles sollte die Versicherungsgesellschaft sofort telefonisch verständigt werden!

WETTER UND REISEZEIT

Das britische Wetter wird vom **atlantischen Klima** bestimmt, das der Insel **kühle Sommer** und **vergleichsweise warme Winter** bringt. **Regen** geht ganzjährig nieder, wenngleich es aufgrund der bestimmenden West-Ost-Strömung nur selten zu ergiebigen Niederschlägen am Stück kommt. Die beste Reisezeit liegt zwischen Mai und September.

ANHANG

KLEINE SPRACHHILFE

Die folgenden Wörter und Redewendungen wurden dem Reisesprachführer „Englisch – Wort für Wort" (Kauderwelsch-Band 64) aus dem REISE KNOW-HOW Verlag entnommen.

HÄUFIG GEBRAUCHTE WÖRTER UND REDEWENDUNGEN

Zahlen

1	(wann)	one
2	(tuh)	two
3	(ðrih)	three
4	(fohr)	four
5	(feiw)	five
6	(ßikß)	six
7	(ßäwèn)	seven
8	(äit)	eight
9	(nein)	nine
10	(tänn)	ten
11	(ihläwèn)	eleven
12	(twälw)	twelve
13	(ðörtihn)	thirteen
14	(fohrtihn)	fourteen
15	(ffftihn)	fifteen
16	(ßikßtihn)	sixteen
17	(ßäwèntihn)	seventeen
18	(äitihn)	eighteen
19	(neintihn)	nineteen
20	(twänntih)	twenty
30	(ðörtih)	thirty
40	(fohrtih)	forty
50	(ffftih)	fifty
60	(ßikßtih)	sixty
70	(ßäwèntih)	seventy
80	(äitih)	eighty
90	(neintih)	ninety
100	(hanndrid)	hundred

Die wichtigsten Zeitangaben

yesterday	(jäßtèrdäi)	gestern
today	(tuhdäi)	heute
tomorrow	(tuhmohrrou)	morgen
last week	(lahßt wihk)	letzte Woche
every day	(äwwrih dä)	täglich
in the morning	(in ðè mohrning)	morgens
in the afternoon	(in ðih_ ahftèrnuhn)	nachmittags
in the evening	(in ðih_ ihwëning)	abends
early	(öhrlih)	früh
late	(läit)	spät
on time	(on teim)	pünktlich
now	(nau)	jetzt
soon	(suhn)	bald
never	(näwwèr)	nie

Die wichtigsten Fragewörter

who?	(huh)	wer?
what?	(wott)	was?
where?	(wäèr)	wo?/wohin?
why?	(wei)	warum?
how?	(hau)	wie?
how much?	(hau matsch)	wie viel? (Menge)
how many?	(hau männih)	wie viele? (Anzahl)
when?	(wänn)	wann?
how long?	(hau long)	wie lange?

Die wichtigsten Richtungsangaben

on the right	(on ðè reit)	rechts
on the left	(on ðè läfft)	links
to the right	(tuh ðè reit)	nach rechts
to the left	(tuh ðè läfft)	nach links
turn right	(törn reit)	rechts abbiegen
turn left	(törn läfft)	links abbiegen
straight on	(ßträjt on)	geradeaus
in front of	(in front_off)	gegenüber
outside	(autseid)	außerhalb
inside	(inseid)	innerhalb
here	(hi-èr)	hier
there	(ðäèr)	dort
up there	(ap ðäèr)	da oben
down there	(daun ðäèr)	da unten
nearby	(nihrbei)	nah, in der Nähe
far away	(fahr èwäi)	weit weg
round the corner	(raund ðè kohrnèr)	um die Ecke

Die wichtigsten Floskeln und Redewendungen

yes	(jäß)	ja
no	(nou)	nein
thank you	(ðänk_juh)	danke
please	(plihs)	bitte
Good morning!	(gudd mohrning)	Guten Morgen!
Good evening!	(gudd ihwèning)	Guten Abend!
Hello! / Hi!	(hällou/hei)	Hallo!
How are you?	(hau ah juh)	Wie geht es Ihnen/dir?
Fine, thank you.	(fein ðänk_juh)	Danke gut.
Good bye!	(gudd bei)	Auf Wiedersehen!
Have a good day!	(häw_è gudd däi)	Einen schönen Tag!
I don't know.	(ei dount nou)	Ich weiß nicht.
Cheerio!	(tschihrio)	Prost!
The bill, please!	(ðè bill plihs)	Die Rechnung, bitte!
Congratulations!	(kongrätuläischènß)	Glückwunsch!
Excuse me!	(ikßkjuhs mih)	Entschuldigung!
I'm sorry.	(eim ßorrih)	Tut mir Leid!
It doesn't matter.	(itt dahsnt mättèr)	Das macht nichts.
What a pity!	(wott_è pittih)	Wie schade!

Die wichtigsten Fragen

Is there a/an ... ?	(is ðäèr è/ènn ...)	Gibt es ...?
Do you have ... ?	(duh juh häw ...)	Haben Sie ...?
Where is/are ... ?	(wäèr is/ah ...)	Wo ist/sind ... ?
Where can I ... ?	(wäèr kähn_ei)	Wo kann ich ... ?
How much is it?	(hau matsch is_itt)	Wie viel kostet das?
What time?	(wott teim)	Um wie viel Uhr?
Can you help me?	(kähn juh hällp mih)	Können Sie mir helfen?
Is there a bus to ... ?	(is ðäèr è_baß tuh ...)	Gibt es einen Bus nach ...?
How are you?	(hau ah juh)	Wie geht es dir/Ihnen?
What's your name?	(wotts juhr näim)	Wie heißt du/heißen Sie?
How old are you?	(hau ould ah juh)	Wie alt bist du/sind Sie?
Where do you come from?	(wär duh juh kamm fromm)	Woher kommen Sie?
Excuse me?	(ikßkjuhs mih)	Wie bitte?

Nichts verstanden? – Weiterlernen!

I don't speak English.	(ei dount spihk in-glisch)	Ich spreche kein Englisch
Pardon?	(pahdèn?)	Wie bitte?
I don't understand.	(ei dount andèrständ)	Ich habe nicht verstanden
Do you speak German?	(duh juh spihk dschörmèn?)	Sprechen Sie Deutsch?
How do you say	(hau duh juh säi	Wie heißt das
that in English?	ðät in in-glisch?)	auf Englisch?
What does it mean?	(wott dahs_itt mihn?)	Was bedeutet das?

REISE KNOW-HOW
das komplette Programm fürs Reisen und Entdecken

Weit über 1000 Reiseführer, Landkarten, Sprachführer und Audio-CDs liefern unverzichtbare Reiseinformationen und faszinierende Urlaubsideen für die ganze Welt – *professionell, aktuell und unabhängig*

Reiseführer: komplette praktische Reisehandbücher für fast alle touristisch interessanten Länder und Gebiete **CityGuides:** umfassende, informative Führer durch die schönsten Metropolen **CityTrip:** kompakte Stadtführer für den individuellen Kurztrip **world mapping project:** moderne, aktuelle Landkarten für die ganze Welt **Edition REISE KNOW-HOW:** außergewöhnliche Geschichten, Reportagen und Abenteuerberichte **Kauderwelsch:** die umfangreichste Sprachführerreihe der Welt **Kauderwelsch digital:** die Sprachführer als eBook mit Sprachausgabe **KulturSchock:** fundierte Kulturführer geben Orientierungshilfen im fremden Alltag **PANORAMA:** erstklassige Bildbände über spannende Regionen und fremde Kulturen **PRAXIS:** kompakte Ratgeber zu Sachfragen rund ums Thema Reisen **Rad & Bike:** praktische Infos für Radurlauber und packende Berichte von extremen Touren **sound)))trip:** Musik-CDs mit aktueller Musik eines Landes oder einer Region **Wanderführer:** umfassende Begleiter durch die schönsten europäischen Wanderregionen **Wohnmobil-TourGuides:** die speziellen Bordbücher für Wohnmobilisten

Erhältlich in jeder Buchhandlung und unter www.reise-know-how.de

… ANHANG 119
Anzeige

www.reise-know-how.de

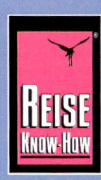

REISE KNOW-HOW online

Unser Kundenservice auf einen Blick:

Vielfältige Suchoptionen, einfache Bedienung

Alle Neuerscheinungen auf einen Blick

Schnelle Info über Erscheinungstermine

Zusatzinfos und Latest News nach Redaktionsschluss

Buch-Voransichten, Blättern, Probehören

Shop: immer die aktuellste Auflage direkt ins Haus

Versandkostenfrei ab 10 Euro (in D), schneller Versand

Downloads von Büchern, Landkarten und Sprach-CDs

Newsletter abonnieren, News-Archiv

Die Informations-Plattform für aktive Reisende

ANHANG
Anzeige

sound))trip

in cooperation with (((piranha)))

Musik im REISE KNOW-HOW Verlag

East Africa	Northern Africa	South Africa	The Andes	Argentina
Australia	The Balkans	Baltic States	Barbados	Oriental Belly Dance
Northeast Brazil	Canada	Chile	China	Colombia
Cuba	Finland	Iceland	India	Ireland
Israel	Japan	Mexico	New Zealand	Norway
Russia, St. Petersburg	Scotland	Switzerland	Turkey	Uruguay

Die Compilations der CD-Reihe **sound))trip** stellen aktuelle, typische Musik eines Landes oder einer Region vor.

Im Buchhandel erhältlich | Unverbindl. Preisempf.: **EURO 15,90 [D]**

Kostenlose **Hörprobe** im Internet.

www.reise-know-how.de

REGISTER

A
Afternoon Tea 44
Albert Memorial 80
American Express 95
Anchor Pub 68
Anreise 92
Antiquitäten 82
Architecture Week 12
Architektur 13, 35
Ärzte 100
Autofahren 93

B
Banken 96
Bank of England 71
Bankside 66
Bankside Power Station 70
Banqueting House 53
Barrierefreies Reisen 94
Beating Retreat 12
Bed and Breakfast 107
Beefeater 62
Behinderte 94
Belgravia 83
Benutzungshinweise 5
Big Ben 54
Bloomsbury 61
Bonfire Night 14
Bootsfahrten 52, 90, 113
Botschaften 95, 96
British Museum 61
Buckingham Palace 59
Burlington Arcade 44
Burlington House 45
Busse 112
Butler's Wharf 64

C
Cabinet War Rooms 58
Camden Lock 90
Camping 110
Canary Wharf Tower 85
Carlyle's House 83
Carlyle, Thomas 79, 83
CDs 18
Ceremony of the Keys 13
Chelsea 83
Chelsea Embankment
   Garden 84
Chelsea Flower
   Show 11, 84
Chelsea Old Church 83
Chinese New Year
   Festival 11
Churchill Museum 58
Churchill, Winston 56, 58
City Hall 65
City of London 34, 71
City of London Festival 12
Clink Prison 67
Comedy 28
Congestion Charge 93
County Hall 65
County London 34
Courtauld Institute of Art 78
Covent Garden 49
Cutty Sark 88

D
Dance al Fresco 12
Derby Day 11
Diana,
   Princess of Wales 80, 82
Diebstahl 104
Diners Club 95
Diplomatische
   Vertretungen 95
Discos 28
Diwali 14
Docklands 34, 85
Docklands
   Light Railway 34, 85
Downing Street 53
Drake, Sir Francis 67
Dr. Johnson's House 77

E
Eastend 84
EC-Karte 95, 101
Einkaufen 15, 82
Einwanderer 40
Einwohner 40
Elektrizität 95
Englische Pfund 95
Eros-Brunnen 46
Essen 19
Eurostar 93

F
Fawkes, Guy 54
Feiertage 14
Feuerwehr 101
Finanzen 35
Fleet Street 77
Flohmarkt 82, 84
Flughäfen 34, 92
Foreign Office 53
Fortnum & Mason 45
Foster, Sir Norman 13, 61, 65, 70
Fremdenverkehrsämter 96
Fundbüros 98

G
Galerien 32
Gatwick 92
Geld 95
Geological Museum 81
George Inn 66
Geschichte 35
Gewichte 100
Globe Theatre 68
Golden Hinde 67
Great British
   Beer Festival 12
Great River Race 12
Green Park 32
Greenwich 85
Greenwich & Dockland
   International Festival 12
Greenwich Mean Time 107
Guided Walks 42, 105
Guildhall 73
Gunpowder Plot 54

H
Handy 107
Harrods 82
Hay's Wharf 65

ANHANG
Register

Heathrow 92
Henley Royal Regatta 12
Heralds Museum 63
Herzog und de Meuron 13
Hinweise zur Benutzung 5
HMS Belfast 65
Homosexuelle 103
Horse Guards 52
Horse Guards Parade 58
Hostels 110
Hotels 107
Houses of Parliament 53
Hyde Park 32, 79

I
Informationsquellen 96
Infrastruktur 34, 41
Internetadressen 98
Internetcafés 98

J
Jack the Ripper 86
James, Henry 83
Jazz Plus 11
Jewel House 63
Johnson, Samuel 77
Jones, Inigo 50, 53, 78, 89
Jugendherbergen 109

K
Kabarett 28
Kartensperrung 101
Kaufhäuser 16
Kensington 79
Kensington Gardens 32, 80
Kensington Palace 32, 80
Kew Gardens 32, 90
Kew Summer Festival 11
Kinder 52, 80, 100
King's Road 83
Kinos 49
Klubs 28
Knightsbridge 79
Konfektionsgrößen 100
Konzerthäuser 29
Krankenhäuser 100
Krankenversicherung 114

Kreditkarte 95, 101
Kronjuwelen 63
Krönungsfeierlichkeiten 56
Kultur 40
Kunsthandwerk 50, 90

L
Leadenhall Market 72
Lebensmittelläden 46
Leicester Square 49
Lesben 12, 103
Literaturtipps 99
Little Venice 89
Lloyd's of London 72
London Aquarium 70
London City Airport 92
London Dungeon 65
London Eye 70
London Film Festival 14
London Library 79
London Marathon 11
London Pass 96
London to Brighton
  Veteran Car Run 14
London Zoo 52
Lord Mayor's Show 14
Luton 92

M
Madame Tussaud's 51
Mansion House 71
Marble Arch 80
Maße 100
Mautgebühr 93
Mayor's Thames Festival 14
Medien 98
Medizinische
  Versorgung 100
Meltdown 12
Metropolitan County
  Greater London 34
Michelin House 83
Millennium Bridge 70
Mode 17
Morus, Thomas 83
Museen 30
Museum in Docklands 85

Museum of London 73
Musikgeschäfte 18, 46

N
National Gallery 48
National Maritime
  Museum 89
National Portrait Gallery 48
Natural History Museum 81
Nelson, Horatio 47
New Armouries 63
Newton, Isaac 49
New Year's Eve
  Celebration 14
Notfälle 101
Notrufnummer 101
Notting Hill Carnival 12
Nullmeridian 89

O
Oberhaus 54
Öffnungszeiten 102
Olympische Spiele 41
Oxford and Cambridge
  Boat Race 11
Oyster Card 112

P
Paolozzi, Eduardo 65
Parliament Square 58
Parks 32
Pepys, Samuel 77
Peter-Pan-Statue 80
Petticoat Lane Market 84
Piccadilly Arcade 45
Piccadilly Circus 45
Polizei 101, 104
Polizeidienststellen 102
Portobello Road Market 82
Post 102
Pride London 12
Prince Henry's Room 77
Prince's Arcade 45
private Unterkünfte 109
Publikationen 98
Pubs 24, 50, 65, 76, 82
Punch and Judy Festival 14

Q
Queen's Gallery 60
Queen's House 63

R
Raben 13
Radfahren 102
Rathaus 73
Reading Room 61
Regent's Park 52
Regent's Street Festival 12
Regierung 34
Reisechecks 96
Reisezeit 114
Restaurants 20, 46, 65, 82
Reynolds, Joshua 45
Richmond 90
Riesenrad 70
Rogers, Sir Richard 72
Rollstuhl 94
Royal Academy of Arts 45
Royal Albert Hall 81
Royal Ballet 51
Royal Exchange 71
Royal Fusiliers' Museum 63
Royal Hospital 84
Royal Mews 60
Royal Naval College 89
Royal Observatory 89
Royal Opera Company 51
Royal Opera House 51
Rubens, Peter Paul 53
Rückreise 92

S
Schwule 12, 103
Science Museum 81
Secondhandläden 18
Serpentine Gallery 80
Shakespeare, William 69
Shopping 15, 65, 82
Sicherheit 104
Sicilian Avenue 61
Soho 46
Somerset House 78
Southwark 66
Southwark Cathedral 66
Speaker's Corner 80
Spencer, Diana 80, 82
Spielzeugläden 18
Sprache 104
Sprachhilfe 116
Stadtrundfahrten 106
Stadttouren, organisierte 105
Standbild des nackten Achill 80
Stansted 92
State Opening of Parliament 14
State Rooms 60
St. Bride's Church 77
Sternbewertung 5
St. James 77
St. James's Palace 78
St. James's Park 32, 59
St. James's Square 79
St. Katherine's Dock 64
St. Margaret's 55
St. Mary Overie Dock 67
St. Patrick's Day 11
St. Paul's Cathedral 73
St. Paul's Church 50
Straßenkünstler 50
Swiss Re 72

T
Tate Britain 84
Tate Modern 70
Taxis 113
Telefonieren 106
Telefonzellen 106
Temple Bar 77
Termine 11
Terrorismus 104
Theater 28, 49
The Changing of the Guard 60
The Gherkin 72
The Monument 71
The Old Treasury 53
The Queen's Working Wardrobe
The Ritz Hotel 44
The Royal Botanic Gardens 90
Tickets 49, 97
Touristeninformation 97
Tower Bridge 64
Tower of London 13, 62
Trafalgar Square 47
Traitor's Gate 63
Trinken 19
Trooping the Colour 12, 59
Tube 111
Turner, William 84
Twinings Tea Museum 78

U
U-Bahn 111
Uhrzeit 107
Unterhaus 54

V
Veranstaltungen 11
Vergünstigungen 96
Verhaltenstipps 100
Verkehrsmittel 34, 111
Versicherungen 114
Verwaltung 34
Victoria and Albert Museum 82
Victoria Memorial 59
Vorwahl 107

W
Watch this Space Festival 11
Waterloo Barracks 63
Wechselstuben 96
Westend 44
Westminster 52
Westminster Abbey 55
Westminster School 58
Wetter 114
Whitechapel Art Gallery 85
White Tower 63
Wimbledon 12
Winston Churchill's Britain at War Experience 65
Wirtschaft 35

124 LONDON, ZENTRUM

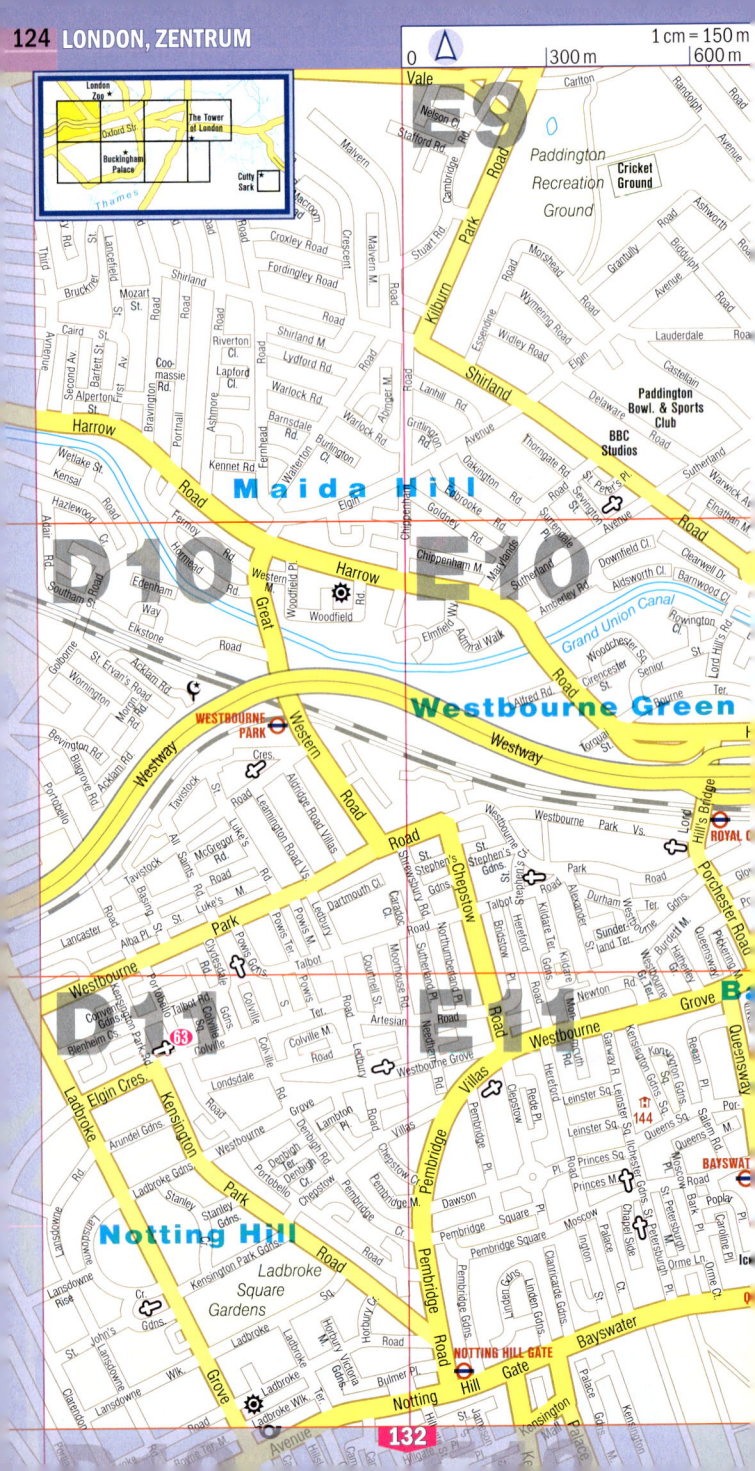

1 cm = 150 m
300 m / 600 m

LONDON, ZENTRUM 125
Legende Seite 140

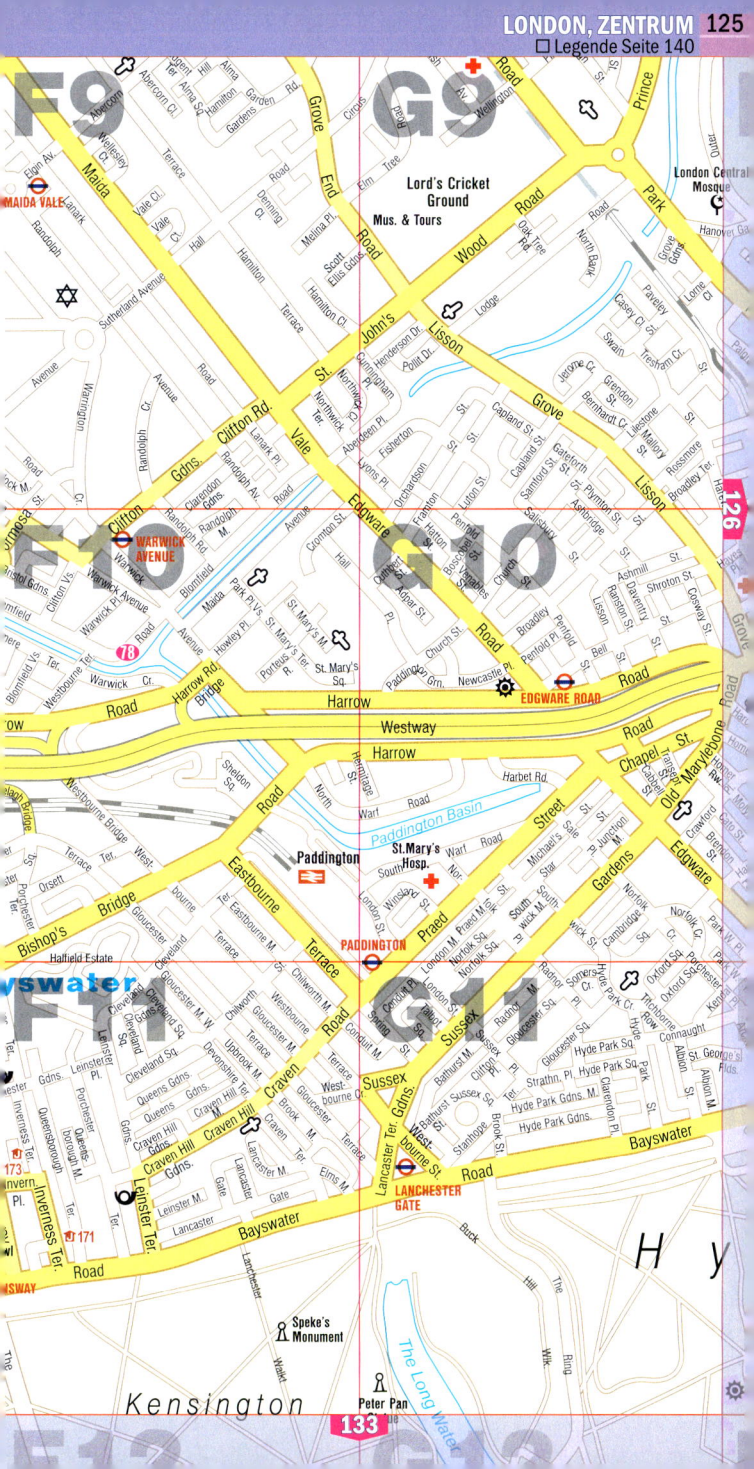

1 cm = 150 m
0
300 m
600 m
H9
I9
H10
I10
H11
I11
Park
Regent's Park
Marylebone
Mayfair
Open Air Theatre
Queen Mary's Gardens
Inner Circle
Tennis Courts
York Bridge
Chester Road
Outer Circle
London Central Mosque
Hanover Gate
Hanover Ter.
Sussex Pl.
Clarence Ter.
Cornwall Ter.
Park Road
Gloucester Place
Marylebone Road
Marylebone
MARYLEBONE
BAKER STREET
12 Madame Tussaud's
Ryl. Academy of Music
REGENT'S PARK
Park Crescent
Portland Place
Great Portland Street
Albany Street
Univ.
Baker Street
Paddington Street
Marylebone High St.
Thayer Street
Wigmore Street
Wigmore Hall
Cavendish Square
Henrietta Pl.
Bryanston Square
Montagu Square
Portman Square
Edgware Road
Seymour Pl.
Marble Arch
Oxford Street
BOND STREET
New Bond Street
Cumberland Gate
Speaker's Corner
Park Lane
North Row
Upper Brook St.
Grosvenor Square
Roosevelt Memorial
Mount Row
South Audley St.
Berkeley Square
Bruton St.
Curzon St.
Charles St.
Hay's M.
Farm St.
Chesterfield Hill
Dorset Sq.
Melcombe Pl.
Blandford St.
George St.
Crawford St.
York St.
Manchester Square
Welbeck St.
Wimpole St.
Harley St.
Devonshire Pl.
Weymouth St.
New Cavendish St.
Queen Anne St.
Mandeville Pl.
James St.
Duke St.
Davies St.
Brook St.
South Molton St.
Grosvenor St.
180
151
53
51
4
5
40
160
181
London Zoo
Oxford Str.
The Tower of London
Buckingham Palace
Cutty Sark
Thames

125
134

Legende Seite 140

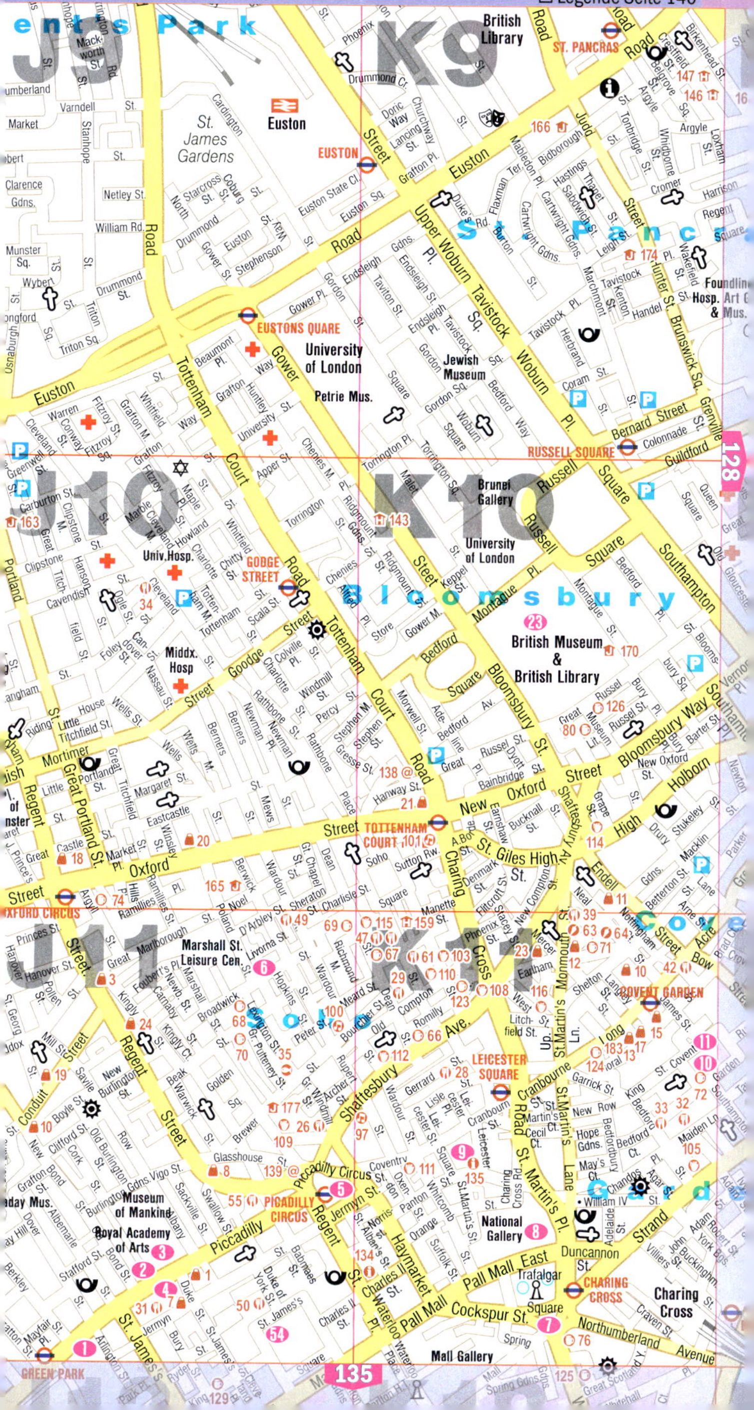

1 cm = 150 m
0
300 m
600 m
L9
M9
L10
M10
L11
M11
Finsbury
City Univ.
Clerkenwell
Holborn
Dental Hosp.
Foundling Hosp. Art Gall. & Mus.
Coram's Fields
Mt. Pleasant Sorting Office
Gray's Inn
Farringdon
FARRINGDON
CHANCERY LA.
HOLBORN
City Thameslink
Old Bailey
Royal Courts of Justice
Prince Henry's Room
St. Bride's Church
Inn. Temple Hall
Inner Temple Garden
India House
Bush House
St. Mary-le-Strand
ALDWYCH
TEMPLE
BLACKFRIARS
Blackfriars
Somerset House
Thames
Victoria Embankment
Embankment
EMBANKMENT
Waterloo Bridge
Blackfriars Bridge
National Theatre
The London Television Centre
Queen Elizabeth Hall
Royal Festival
Bankside Art Gal
Gray's Inn Road
Farringdon Road
Rosebery Avenue
Theobald's Road
Clerkenwell Road
High Holborn
Holborn Viaduct
Kingsway
Aldwych
Strand
Fleet St.
New Bridge St.
Queen Vic. St.
Lancaster Pl.
Waterloo
Farringdon St.
Southampton Row
Chancery Lane
Fetter Ln.
New Fetter Ln.
Lincolns Inn Fields
Great Queen St.
Skinner Street
St. John Street
Percival Street
Pentonville Road
King's Cross Road
Acton St.
Swinton St.
Guilford St.
Doughty St.
Lamb's Conduit St.
Red Lion Sq.
Hatton Garden
Smithfield
Newgate
127
136

LONDON, ZENTRUM 129
☐ Legende Seite 140

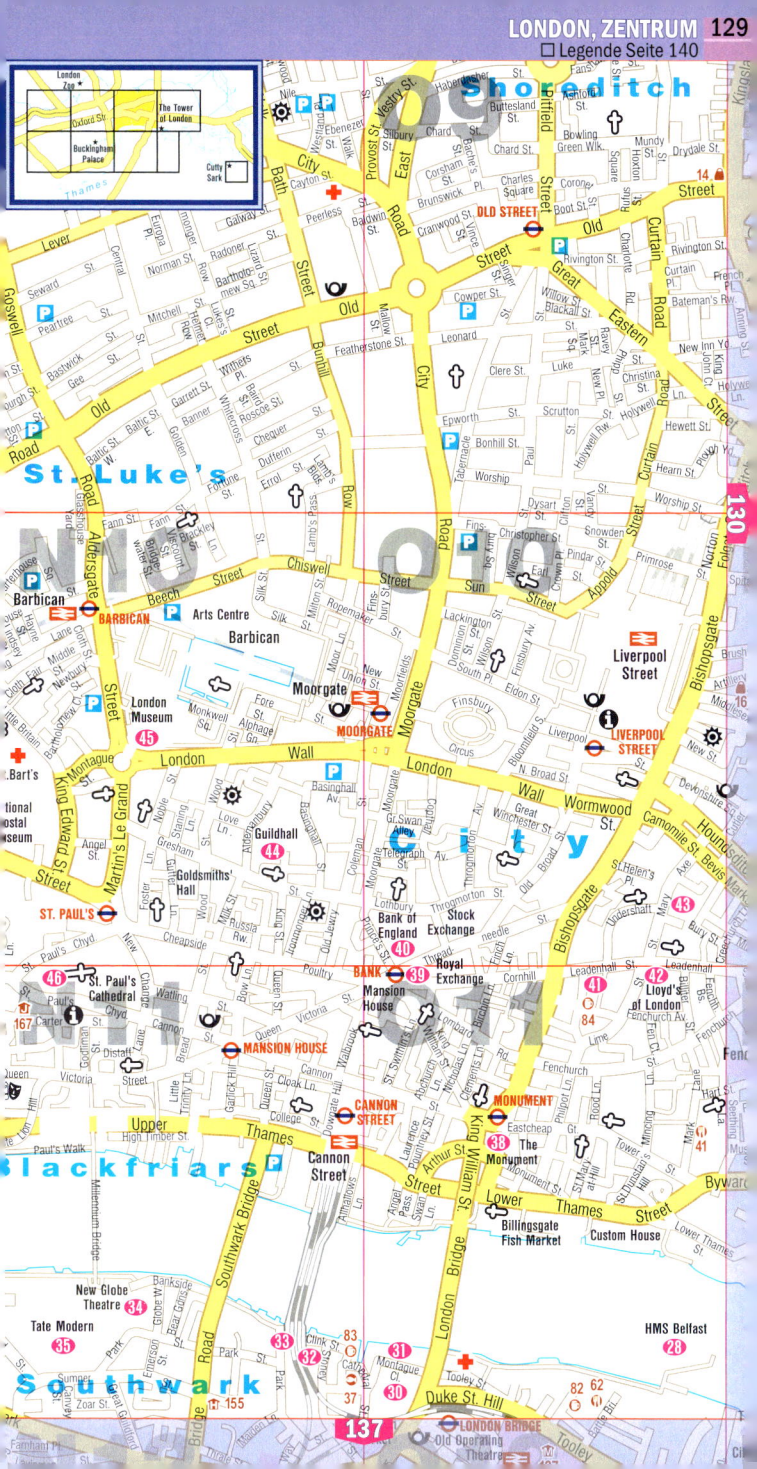

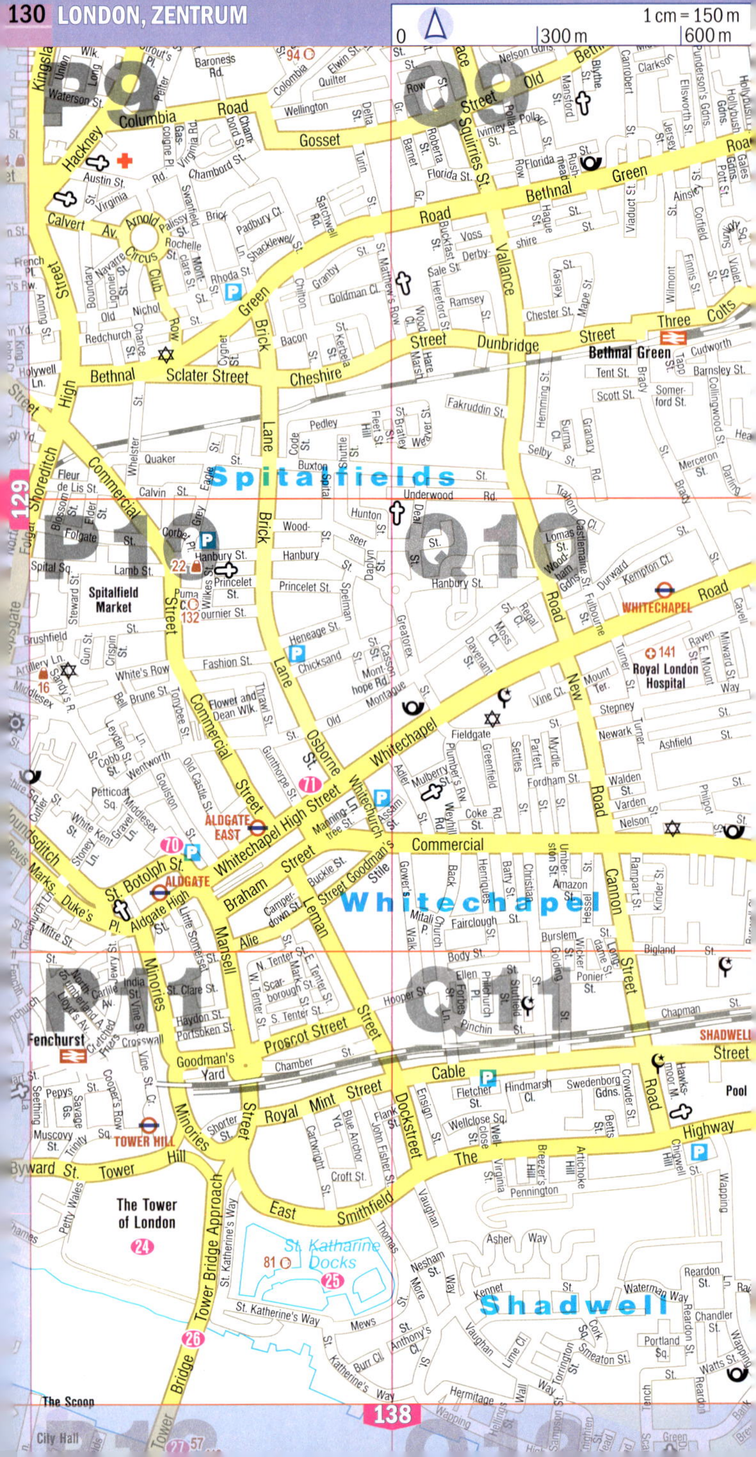
1 cm = 150 m
0
300 m
600 m
P9
Q9
P10
Q10
P11
Q11
129
138
Spitalfields
Whitechapel
Shadwell
Columbia Road
Gosset St.
Hackney Rd.
Old Bethnal Green Road
Bethnal Green Road
Calvert Av.
Arnold Circus
Old Nichol St.
Redchurch St.
Sclater Street
Cheshire St.
Dunbridge Street
Three Colts
Bethnal Green
Vallance Road
Brick Lane
Shoreditch High Street
Commercial Street
Spitalfield Market
Hanbury St.
Princelet St.
Fournier St.
Fashion St.
White's Row
Wentworth St.
Old Montague St.
Osborne St.
Whitechapel High Street
Whitechapel Road
WHITECHAPEL
Royal London Hospital
New Road
Commercial Road
Cannon Street Road
Fieldgate St.
Greenfield Rd.
Fordham St.
Mulberry St.
Plumber's Rw.
Coke St.
Back Church Lane
Fairclough St.
Burslem St.
Bigland St.
Chapman St.
Cable Street
SHADWELL
The Highway
Hawksmoor M.
Pool
Wapping
ALDGATE EAST
ALDGATE
St. Botolph St.
Aldgate High St.
Houndsditch
Duke's Pl.
Mitre St.
Fenchurch St.
Minories
Mansell St.
Leman Street
Alie St.
Prescot Street
Goodman's Yard
Chamber St.
Royal Mint Street
Dock Street
East Smithfield
TOWER HILL
Tower Hill
Byward St.
The Tower of London
Tower Bridge Approach
St. Katharine Docks
St. Katherine's Way
Tower Bridge
The Scoop
City Hall
Hermitage Wall
Vaughan Way
Asher Way
Pennington St.
Wellclose Sq.
Swedenborg Gdns.
Reardon St.
Chandler St.
Portland Sq.
Waterman Way
Kennet St.
Nesham St.
Thomas More St.
Smeaton St.
Cork Sq.
Torrington Pl.
94
22
16
132
141
81
70
71
24
25
26
27
57

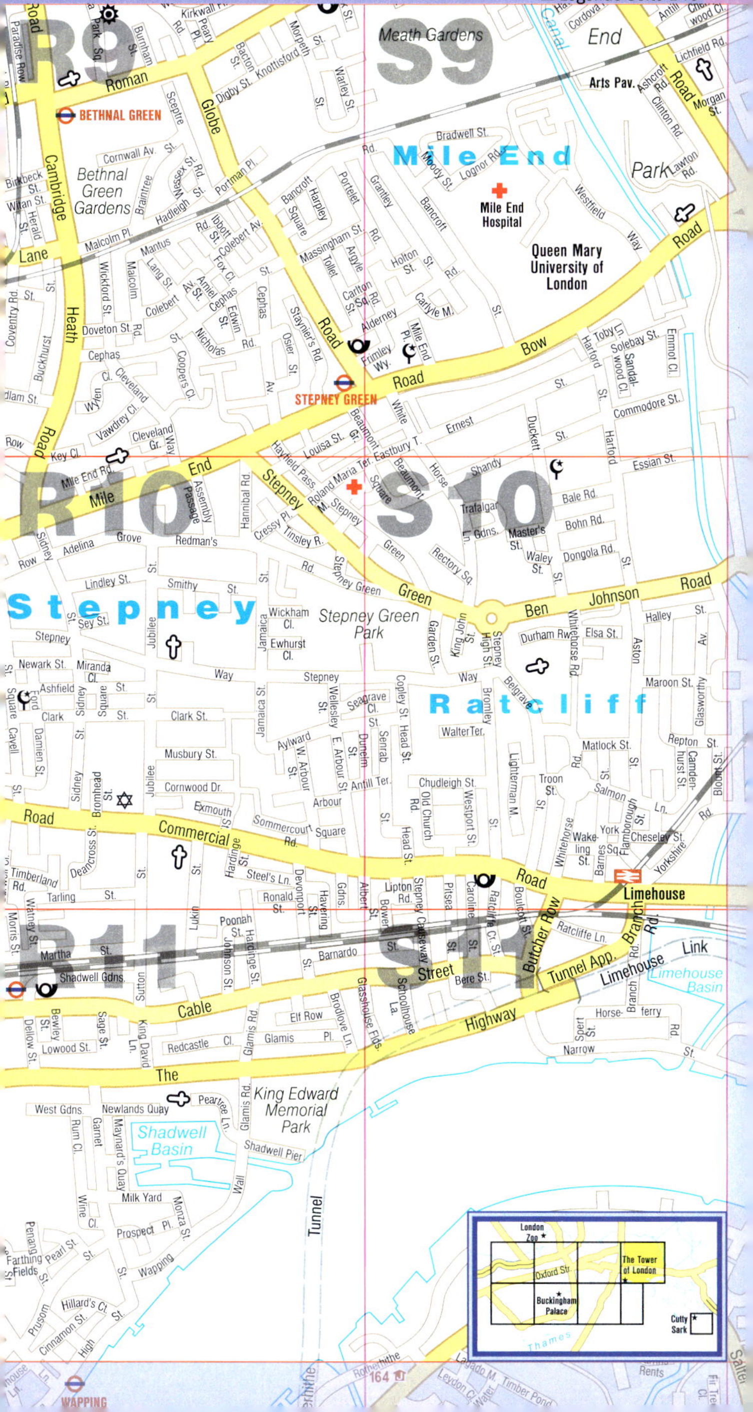
R9
S9
R10
S10
R11
S11
Meath Gardens
Mile End
Mile End Hospital
Queen Mary University of London
Arts Pav.
Park
End
Canal
BETHNAL GREEN
Bethnal Green Gardens
STEPNEY GREEN
Stepney
Stepney Green Park
Ratcliff
Limehouse
Limehouse Basin
Limehouse Link
King Edward Memorial Park
Shadwell Basin
Shadwell Pier
Tunnel
WAPPING
Roman Road
Cambridge Heath Road
Globe Road
Mile End Road
Bow Road
Ben Johnson Road
Commercial Road
Cable Street
The Highway
Tunnel App.
Butcher Row
Stepney Green
Stepney Way
Sidney Square
Jubilee St.
Jamaica St.
Harford St.
Duckett St.
Westfield Way
Bancroft Rd.
Grantley St.
Portelet Rd.
Massingham St.
Carlyle M.
Alderney Rd.
Frimley Wy.
Louisa St.
Hayfield Pass.
Roland M.
Maria Ter.
Eastbury T.
Beaumont Square
White Horse Rd.
Ernest St.
Shandy St.
Trafalgar Gdns.
Master's St.
Bale Rd.
Bohn Rd.
Dongola Rd.
Rectory Sq.
Essian St.
Commodore St.
Solebay St.
Toby Ln.
Emmott Cl.
Cornwall Av.
Malcolm Pl.
Wickford St.
Doveton St.
Cephas Av.
Cleveland Way
Cleveland Gr.
Vawdrey Cl.
Coopers Cl.
Nicholas Rd.
Stayner's Rd.
Osier St.
Key Cl.
Assembly Passage
Hannibal Rd.
Cressy Pl.
Tinsley R.
Redman's Rd.
Adelina Grove
Lindley St.
Smithy St.
Sidney Row
Sey St.
Newark St.
Miranda Cl.
Ashfield St.
Clark St.
Musbury St.
Cornwood Dr.
Exmouth St.
Sommercourt Rd.
Arbour Square
Wickham Cl.
Ewhurst Cl.
Seagrave Cl.
Aylward St.
Wellesley St.
Garden St.
King John St.
Stepney High St.
Durham Rw.
Elsa St.
Halley St.
Aston St.
Maroon St.
Belgrave St.
Bromley St.
Walter Ter.
Copley St.
Head St.
Senrab St.
Dunelm St.
Antill Ter.
Chudleigh St.
Old Church Rd.
Westport St.
Lighterman M.
Troon St.
Matlock St.
Salmon Ln.
Repton St.
Camdenhurst St.
Glasworthy
Whitehorse Rd.
Wakeling St.
York Sq.
Barnes St.
Flamborough St.
Cheseley St.
Yorkshire Rd.
Timberland Rd.
Deancross St.
Tarling St.
Hardinge St.
Steel's Ln.
Ronald St.
Devonport St.
Havering St.
Lipton Rd.
Bower St.
Stepney Causeway
Pitsea St.
Caroline St.
Ratcliffe Cr. St.
Boulcott St.
Ratcliffe Ln.
Branch Rd.
Barnardo St.
Bere St.
Schoolhouse La.
Glasshouse Flds.
Brodlove Ln.
Elf Row
Glamis Rd.
Glamis Pl.
Redcastle Cl.
Lowood St.
Bewley St.
Sage St.
King David Ln.
Sutton St.
Martha St.
Shadwell Gdns.
Watney St.
Poonah St.
Johnson St.
Horseferry Rd.
Narrow St.
Spert St.
West Gdns.
Newlands Quay
Peartree Ln.
Garnet St.
Maynard's Quay
Rum Cl.
Wine Cl.
Milk Yard
Monza St.
Prospect Pl.
Wapping Wall
Pearl St.
Penang St.
Farthing Fields
Hillard's Ct.
Prusom St.
Cinnamon St.
Wapping High St.
Rotherhithe
164
London Zoo
Oxford Str.
Buckingham Palace
The Tower of London
Cutty Sark
Thames

124

1 cm = 150 m
0 | 300 m | 600 m

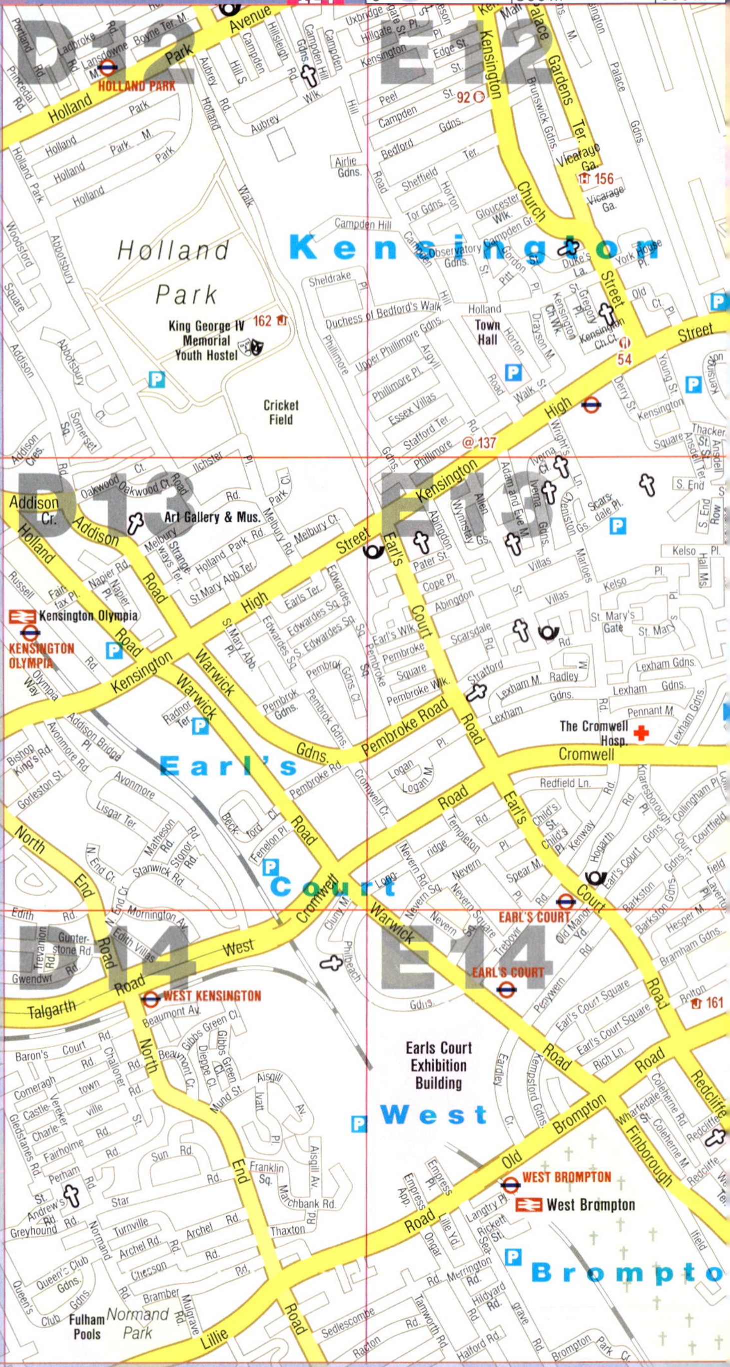

LONDON, ZENTRUM 133
☐ Legende Seite 140

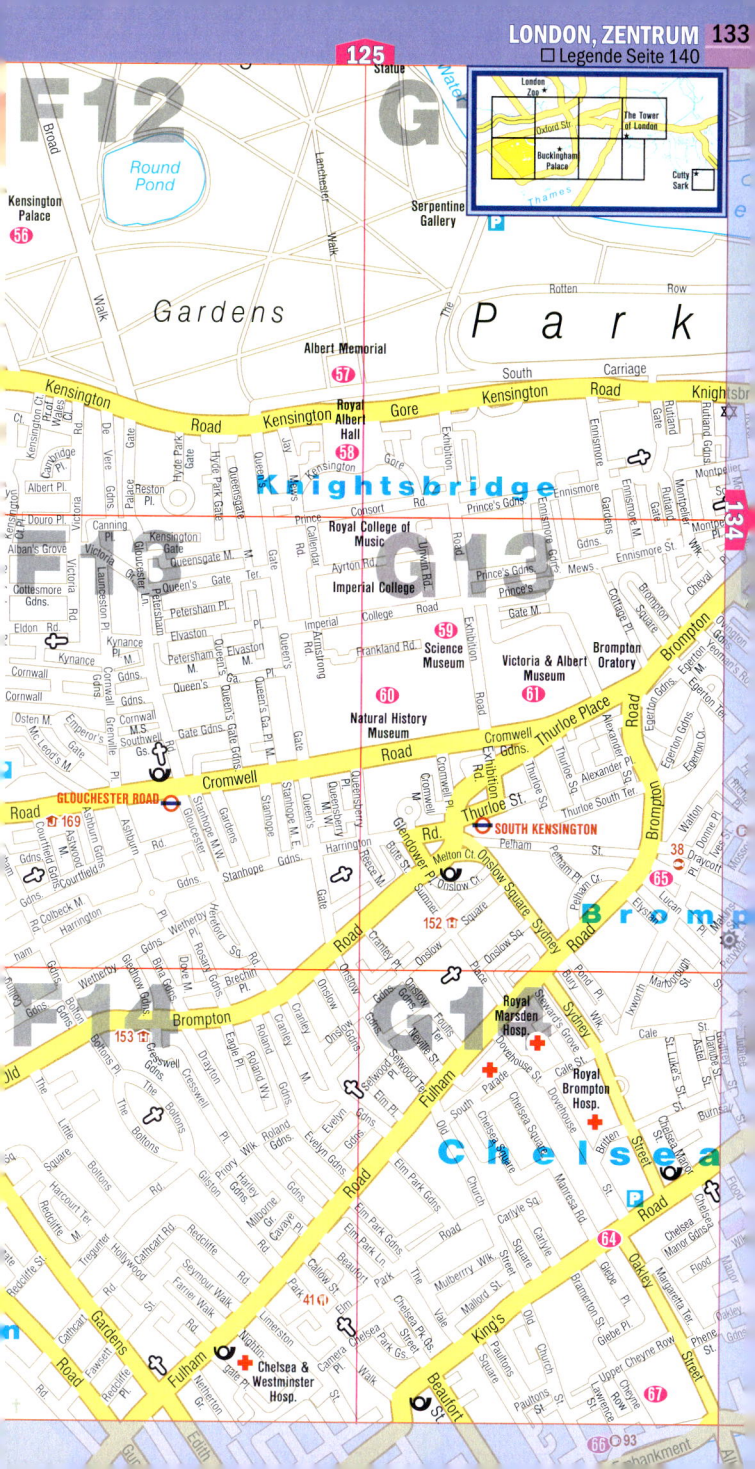

126

1 cm = 150 m
0 | 300 m | 600 m

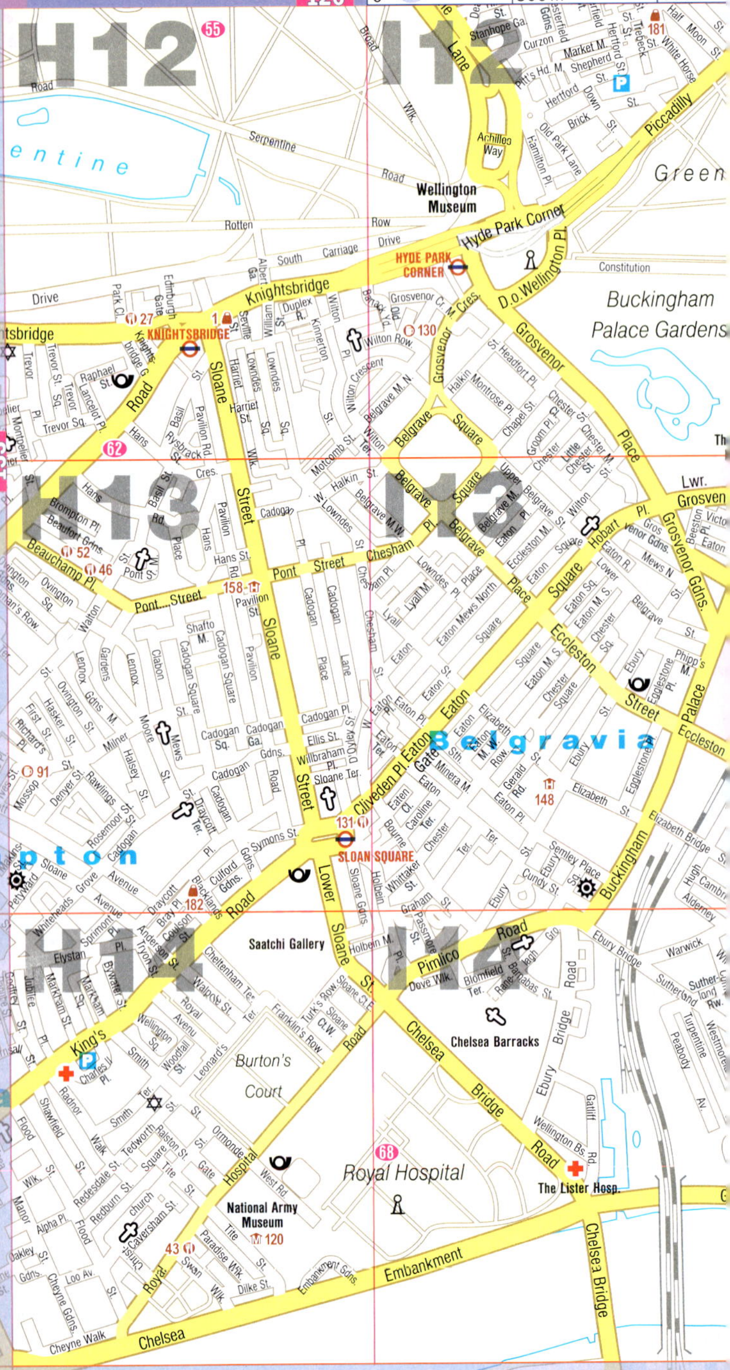

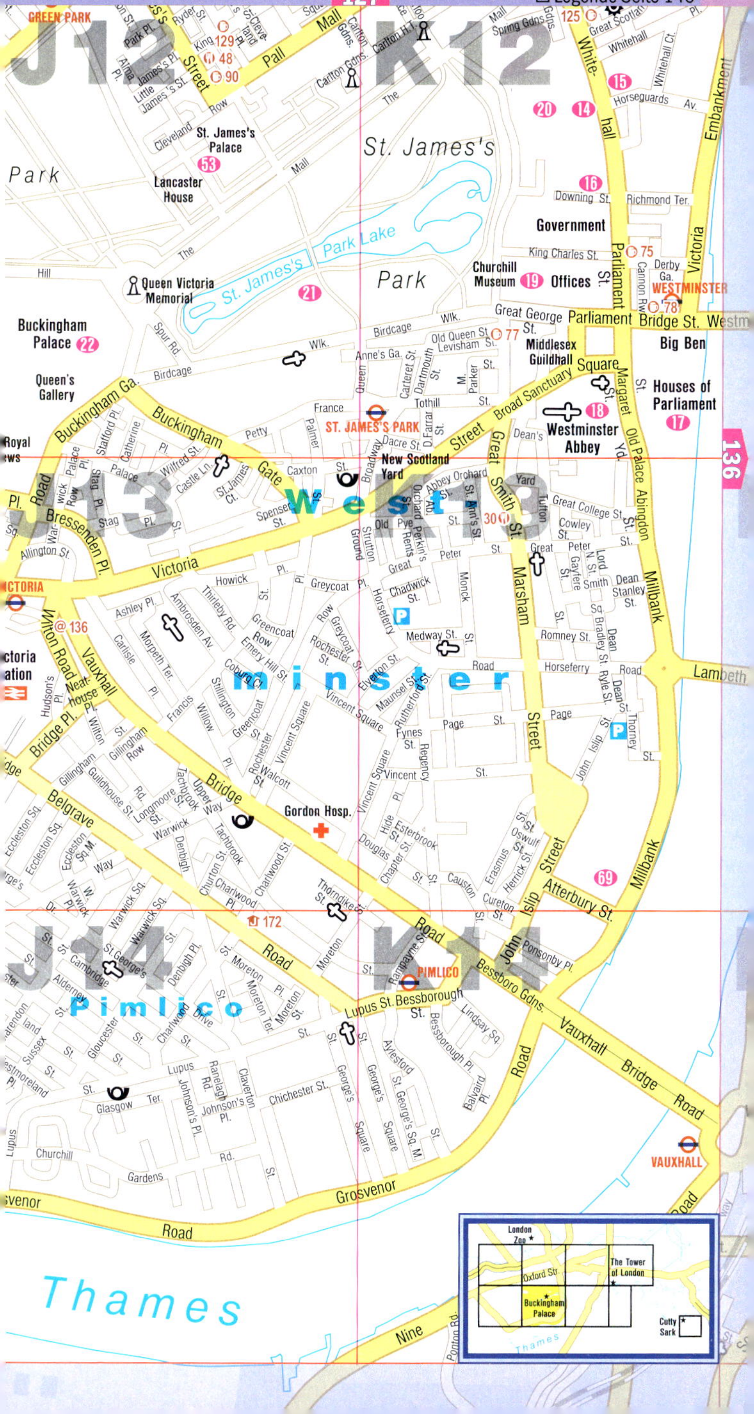
127
136
J12
K12
J13
K13
J14
K14
GREEN PARK
Pall Mall
St. James's Palace
53
Lancaster House
St. James's Park
St. James's Park Lake
Queen Victoria Memorial
21
Buckingham Palace
22
Queen's Gallery
Birdcage Wlk.
Buckingham Gate
Buckingham Palace Rd.
Whitehall
Horseguards Av.
Whitehall Ct.
Great Scotland Yd.
15
20
14
16
Downing St.
Richmond Ter.
Government Offices
King Charles St.
Churchill Museum
19
75
Derby Ga.
Cannon Rw.
WESTMINSTER
78
Victoria Embankment
Great George St.
77
Parliament St.
Parliament Square
Bridge St.
Big Ben
Middlesex Guildhall
Houses of Parliament
17
Broad Sanctuary
Westminster Abbey
18
ST. JAMES'S PARK
New Scotland Yard
Tothill St.
Petty France
Caxton St.
Victoria Street
Great Smith St.
Dean's Yard
Great College St.
Old Palace Yd.
Abingdon St.
Millbank
Westminster
30
Great Peter St.
Marsham Street
Horseferry Road
Lambeth Bridge
Romney St.
Page St.
Gordon Hosp.
Vincent Square
Vauxhall Bridge Road
Belgrave Road
VICTORIA
136
Victoria Station
Wilton Road
Greycoat Pl.
Rochester Row
Regency St.
Causton St.
69
Atterbury St.
John Islip St.
172
Pimlico
PIMLICO
Lupus St.
Bessborough St.
Bessboro Gdns.
Ponsonby Pl.
St. George's Square
Chichester St.
Glasgow Ter.
Churchill Gardens
Grosvenor Road
Thames
VAUXHALL
Nine Elms
Ponton Rd.
London Zoo
Oxford Str.
The Tower of London
Buckingham Palace
Cutty Sark
Thames

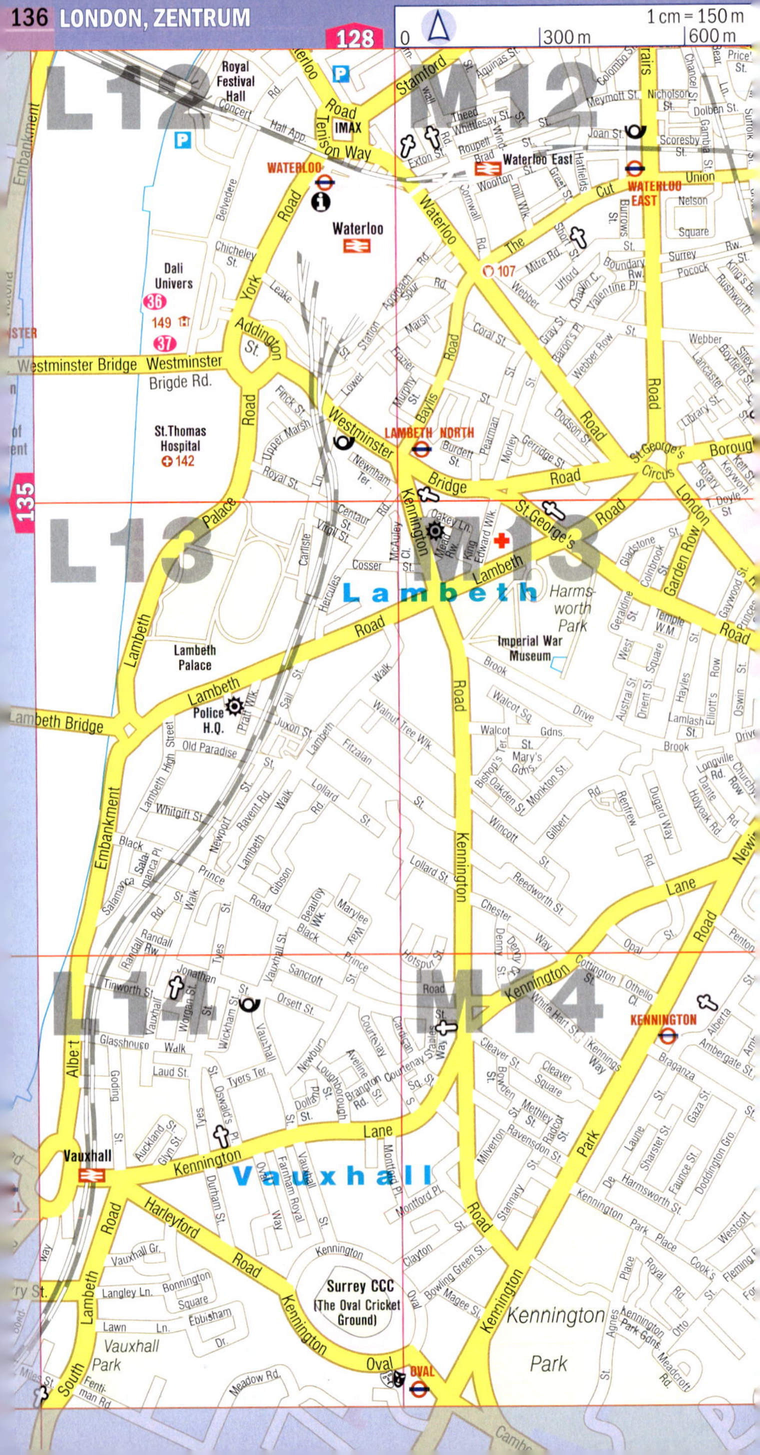
128
1 cm = 150 m
0
300 m
600 m
L12
M12
L13
M13
L14
M14
135
Royal Festival Hall
IMAX
Waterloo
WATERLOO
Waterloo East
WATERLOO EAST
Dali Univers
36
149
37
Westminster Bridge
Westminster Bridge Rd.
St.Thomas Hospital
142
LAMBETH NORTH
107
Lambeth
Harmsworth Park
Imperial War Museum
Lambeth Palace
Police H.Q.
Lambeth Bridge
St.George's Circus
Vauxhall
KENNINGTON
Surrey CCC (The Oval Cricket Ground)
OVAL
Kennington Park
Vauxhall Park
Stamford St.
Tenison Way
York Road
Addington St.
Westminster Bridge Road
Lambeth Palace Road
Albert Embankment
Lambeth Road
Kennington Road
St.George's Road
Kennington Lane
Harleyford Road
Kennington Oval
Kennington Park Road
Newington Butts
Borough Road
London Road
Waterloo Road
The Cut
Baylis Road
South Lambeth Road
Vauxhall Walk
Black Prince Road
Kennington Road

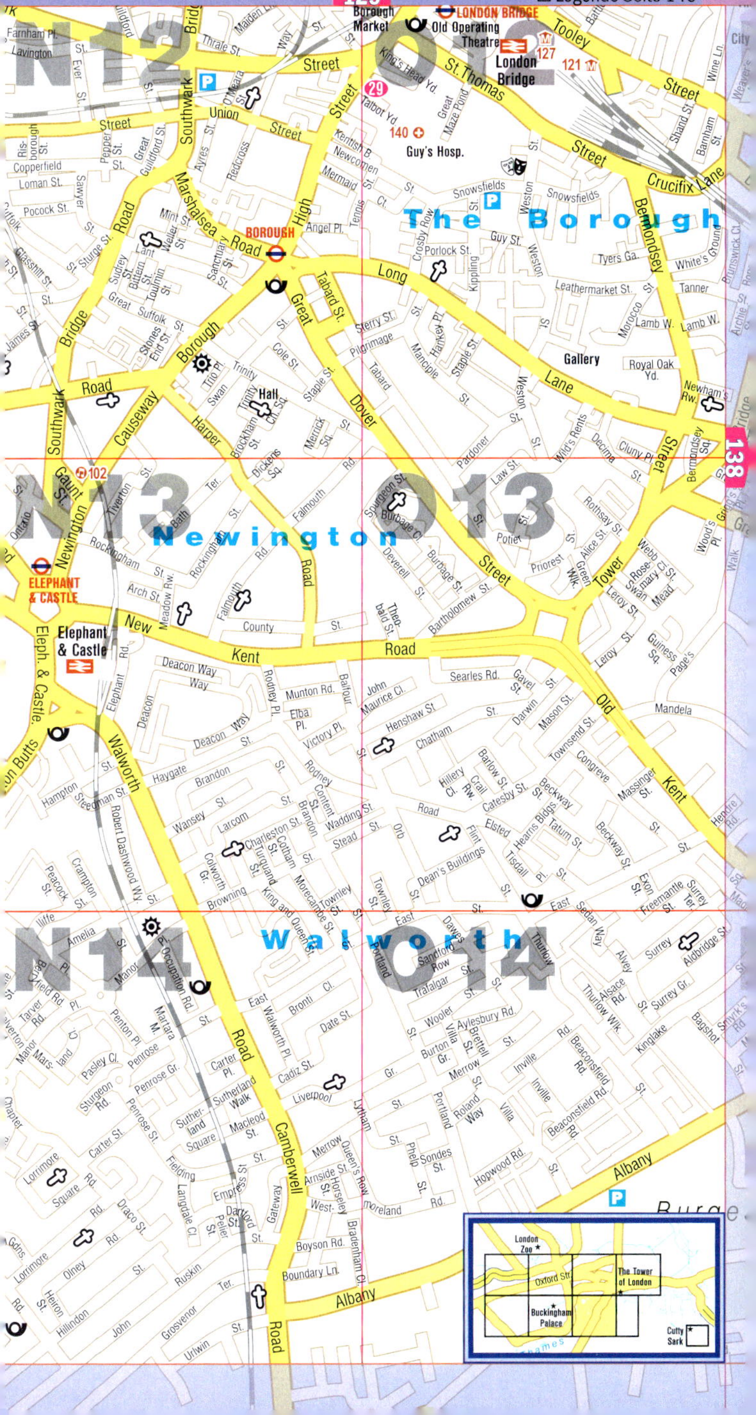
129
138
N12
O12
N13
O13
N14
O14
The Borough
Newington
Walworth
Borough Market
LONDON BRIDGE
Old Operating Theatre
London Bridge
127
121
29
140
Guy's Hosp.
BOROUGH
Gallery
Hall
102
ELEPHANT & CASTLE
Elephant & Castle
Tooley Street
St. Thomas Street
Crucifix Lane
Bermondsey Street
Southwark Street
Union Street
Borough High Street
Marshalsea Road
Long Lane
Great Dover Street
Tower Bridge Road
Southwark Bridge Road
Borough Road
Causeway
New Kent Road
Old Kent Road
Walworth Road
Camberwell Road
Albany Road
Harper Road
Newington Causeway
Thrale St.
King's Head Yd.
Talbot Yd.
Great Maze Pond
Snowsfields
Weston St.
Guy St.
Porlock St.
Kipling
Leathermarket St.
Tyers Ga.
White's Ground
Tanner
Lamb W.
Royal Oak Yd.
Newham's Rw.
Bermondsey Sq.
Cluny Pl.
Decima St.
Wild's Rents
Tabard St.
Sterry St.
Pilgrimage
Manciple
Staple St.
Hankey Pl.
Mermaid Ct.
Angel Pl.
Mint St.
Weller St.
Lant St.
Sudrey St.
Toulmin St.
Great Suffolk St.
Stones End St.
Trinity Ch. Sq.
Brockham St.
Swan St.
Trio Pl.
Merrick Sq.
Cole St.
Falmouth Rd.
Rockingham St.
Arch St.
Meadow Rw.
County St.
Spurgeon St.
Burbage Cl.
Deverell St.
Theobald St.
Bartholomew St.
Law St.
Pardoner St.
Potier St.
Prioress St.
Rothsay St.
Alice St.
Green Wlk.
Webb St.
Rosemary Cl.
Swan Mead
Leroy St.
Guiness Sq.
Page's Wlk.
Mandela
Searles Rd.
Gavel St.
Darwin St.
Mason St.
Townsend St.
Congreve St.
Massinger St.
Balfour St.
Munton Rd.
Elba Pl.
Rodney Pl.
John Maurice Cl.
Henshaw St.
Chatham St.
Victory Pl.
Rodney Rd.
Deacon Way
Elephant Rd.
Hampton St.
Steedman St.
Brandon St.
Haygate St.
Wansey St.
Larcom St.
Charleston St.
Content St.
Wadding St.
Stead St.
Barlow St.
Hillery Cl.
Crail Rw.
Catesby St.
Beckway St.
Elsted St.
Hearns Bldgs.
Tatum St.
Flint St.
Dean's Buildings
Tisdall Pl.
Exon St.
Freemantle St.
Surrey Ter.
Robert Dashwood Wy.
Peacock St.
Crampton St.
Colworth Gr.
Browning St.
King and Queen St.
Morecambe St.
Townley St.
East St.
Dawes St.
Sedan Way
Alvey St.
Surrey Gr.
Aldbridge St.
Thurlow St.
Sandford Row
Trafalgar St.
Portland St.
Amelia St.
Manor Pl.
Occupation Rd.
Penton Pl.
Pasley Cl.
Penrose Gr.
Penrose St.
Sturgeon Rd.
Carter St.
Lorrimore Square
Lorrimore Rd.
Draco St.
Olney Rd.
Heiron St.
Hillingdon St.
John Ruskin St.
Grosvenor Ter.
Urlwin St.
East Walworth Pl.
Bronti Cl.
Date St.
Cadiz St.
Liverpool St.
Carter Pl.
Sutherland Walk
Sutherland Square
Macleod St.
Fielding St.
Langdale Cl.
Empress St.
Dartford St.
Peller St.
Gateway
Merrow St.
Arnside St.
Horsley St.
Queen's Row
Moreland St.
West Gr.
Boyson Rd.
Boundary Ln.
Bradenham Cl.
Lytham St.
Phelp St.
Sondes St.
Portland
Roland Way
Villa St.
Inville Rd.
Beaconsfield Rd.
Hopwood Rd.
Aylesbury Rd.
Brettell St.
Wooler St.
Burton Gr.
Alsace Rd.
Thurlow Wlk.
Kinglake St.
Bagshot St.
Burge
London Zoo
Oxford Str.
The Tower of London
Buckingham Palace
Cutty Sark
Thames

138 LONDON, ZENTRUM

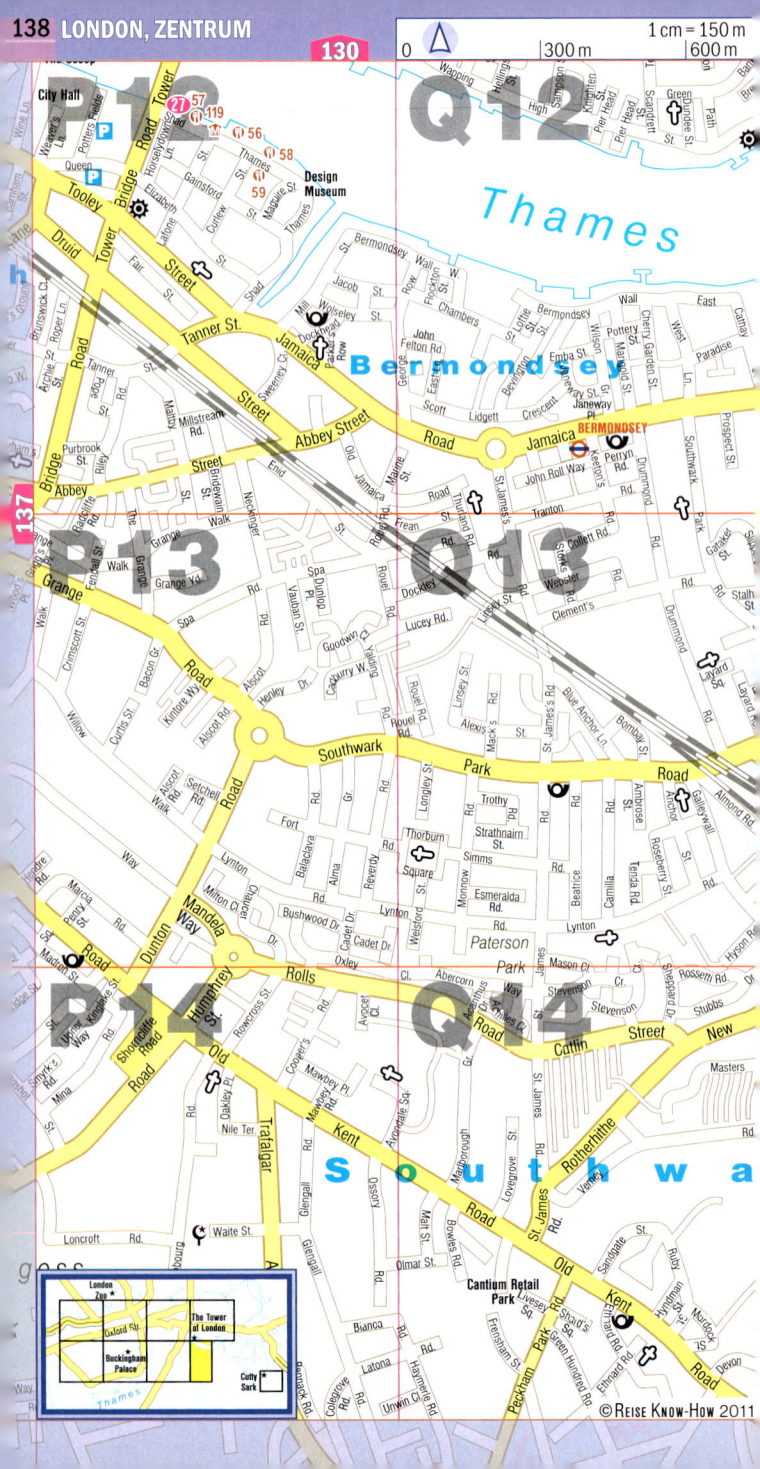

LONDON, GREENWICH 139
Legende Seite 140

LONDON, UMGEBUNG

LEGENDE DER KARTENEINTRÄGE

- ❶ [J11] The Ritz Hotel S. 44
- ❷ [J11] Burlington Arcade S. 44
- ❸ [J11] Royal Academy of Arts S. 45
- ❹ [J11] Fortnum & Mason S. 45
- ❺ [J11] Piccadilly Circus S. 45
- ❻ [J11] Soho S. 46
- ❼ [K11] Trafalgar Square S. 47
- ❽ [K11] National Gallery und National Portrait Gallery S. 48
- ❾ [K11] Leicester Square S. 49
- ❿ [K11] Covent Garden S. 49
- ⓫ [K11] Royal Opera House S. 51
- ⓬ [H10] Madame Tussaud's S. 51
- ⓭ [H8] Regent's Park und London Zoo S. 52
- ⓮ [K12] Horse Guards S. 52
- ⓯ [K12] Banqueting House S. 53
- ⓰ [K12] Downing Street S. 53
- ⓱ [K12] Houses of Parliament S. 53
- ⓲ [K12] Westminster Abbey S. 55
- ⓳ [K12] Cabinet War Rooms und Churchill Museum S. 58
- ⓴ [K12] Horse Guards Parade S. 58
- ㉑ [J12] St. James's Park S. 59
- ㉒ [J12] Buckingham Palace S. 59
- ㉓ [K10] British Museum S. 61
- ㉔ [P11] Tower of London S. 62
- ㉕ [P11] St. Katherine's Dock S. 64
- ㉖ [P11] Tower Bridge S. 64
- ㉗ [P12] Butler's Wharf S. 64
- ㉘ [O11] HMS Belfast S. 65
- ㉙ [O12] George Inn S. 66
- ㉚ [O11] Southwark Cathedral S. 66
- ㉛ [O11] Golden Hinde S. 67
- ㉜ [N11] Clink Prison S. 67
- ㉝ [N11] Anchor Pub S. 68
- ㉞ [N11] Globe Theatre S. 68
- ㉟ [N11] Tate Modern S. 70
- ㊱ [L12] London Eye S. 70
- ㊲ [L12] London Aquarium S. 70
- ㊳ [O11] The Monument S. 71
- ㊴ [O11] Royal Exchange S. 71
- ㊵ [O10] Bank of England S. 71
- ㊶ [O11] Leadenhall Market S. 72
- ㊷ [O11] Lloyd's of London S. 72
- ㊸ [O10] Swiss Re S. 72
- ㊹ [N10] Guildhall S. 73
- ㊺ [N10] Museum of London S. 73
- ㊻ [N11] St. Paul's Cathedral S. 73
- ㊼ [M11] St. Bride's Church S. 77
- ㊽ [M10] Dr. Johnson's House S. 77
- ㊾ [M11] Prince Henry's Room S. 77
- ㊿ [L11] Temple Bar S. 77
- 51 [L11] Twinings Tea Museum S. 78
- 52 [L11] Somerset House S. 78
- 53 [J12] St. James's Palace S. 78
- 54 [J11] St. James's Square und London Library S. 79
- 55 [H12] Hyde Park S. 79
- 56 [F12] Kensington Palace S. 80
- 57 [F12] Albert Memorial S. 80
- 58 [F12] Royal Albert Hall S. 81
- 59 [G13] Science Museum S. 81
- 60 [G13] Natural History Museum und Geological Museum S. 81
- 61 [G13] Victoria and Albert Museum S. 82
- 62 [H12] Harrods S. 82
- 63 [D11] Portobello Road Market S. 82
- 64 [G14] King's Road S. 83
- 65 [G13] Michelin House S. 83
- 66 [G15] Chelsea Old Church S. 83
- 67 [G14] Carlyle's House S. 83
- 68 [I14] Royal Hospital S. 84
- 69 [K13] Tate Britain S. 84
- 70 [P10] Petticoat Lane Market S. 84
- 71 [P10] Whitechapel Art Gallery S. 85
- 72 [U11] Museum in Docklands S. 85
- 73 [U12] Canary Wharf Tower S. 85
- 74 [V14] Cutty Sark S. 88
- 75 [V14] Royal Naval College S. 89
- 76 [W14] National Maritime Museum S. 89
- 77 [W15] Royal Observatory S. 89
- 78 [F10] Little Venice S. 89

Legende der Karteneinträge

- 🔴1 [H12] Harvey Nichols S. 16
- 🔴2 [I10] John Lewis S. 16
- 🔴3 [J11] Liberty S. 17
- 🔴4 [I11] Marks & Spencer S. 17
- 🔴5 [I11] Selfridges S. 17
- 🔴6 [L11] Molton Brown S. 17
- 🔴7 [J11] Taylor of Old Bond Street S. 17
- 🔴8 [J11] Aquascutum S. 17
- 🔴9 [M7] Diverse S. 17
- 🔴10 [K11] Dr. Martens Store S. 17
- 🔴11 [K10] Duffer of St. George S. 17
- 🔴12 [K11] Koh Samui S. 17
- 🔴13 [K11] Maharishi S. 17
- 🔴14 [O9] No-One S. 17
- 🔴15 [K11] Paul Smith S. 17
- 🔴16 [P10] Precious S. 17
- 🔴17 [K11] Ted Baker S. 18
- 🔴18 [J10] Topshop & Topman S. 18
- 🔴19 [J11] Vivienne Westwood S. 18
- 🔴20 [J10] HMV S. 18
- 🔴21 [K10] Zavvi S. 18
- 🔴22 [P10] Absolute Vintage S. 18
- 🔴23 [K11] Oxfam Originals S. 18
- 🔴24 [J11] Hamley's S. 18
- 🍴26 [J11] Chowki S. 20
- 🍴27 [H12] Mr. Chow S. 20
- 🍴28 [K11] Royal Dragon S. 20
- 🍴29 [A14] Saigon Saigon S. 20
- 🍴30 [K13] The Cinnamon Club S. 20
- 🍴31 [J11] Wilton's S. 20
- 🍴32 [K11] Rules S. 20
- 🍴33 [K11] Porter's S. 20
- 🍴34 [J10] Terra S. 20
- 🍴35 [J11] Zilli Fish S. 21
- 🍴36 [L11] Loch Fyne Restaurant S. 21
- 🍴37 [N11] Fish! S. 21
- 🍴38 [G13] Poissonnerie de l'Avenue S. 21
- 🍴39 [K11] Mon Plaisir S. 21
- 🍴40 [H11] Le Gavroche S. 21
- 🍴41 [O11] Auberge S. 22
- 🍴42 [K11] Café des Amis S. 22
- 🍴43 [H14] Gordon Ramsey S. 22
- 🍴44 [C15] The River Café S. 22
- 🍴46 [H13] San Lorenzo S. 22
- 🍴47 [K11] Quo Vadis S. 22
- 🍴48 [J12] Il Vicolo S. 24
- 🍴49 [J11] Italian Graffiti S. 24
- 🍴50 [J11] Al Duca S. 24
- 🍴51 [H11] Maroush I S. 23
- 🍴52 [H13] Maroush II S. 23
- 🍴53 [H11] Maroush IV S. 23
- 🍴54 [E12] Ranoush S. 23
- 🍴55 [J11] Coocon S. 23
- 🍴56 [P12] La Pont de la Tour S. 23
- 🍴57 [P12] Cantina del Ponte S. 23
- 🍴58 [P12] Butlers Wharf Chop House S. 23
- 🍴59 [P12] Ask S. 23
- 🍴60 [L11] Café Rouge S. 23
- 🍴61 [K11] Café Rouge S. 23
- 🍴62 [O11] Café Rouge S. 23
- 🍴63 [K11] World Food Café S. 23
- 🍴64 [K11] Food for Thought S. 23
- 🍺66 [K11] French House S. 24
- 🍺67 [K11] Crown & Two Chairmen S. 24
- 🍺68 [J11] John Snow S. 24
- 🍺69 [J11] Nellie Dean S. 24
- 🍺70 [J11] Sun & Thirteen Cantons S. 24
- 🍺71 [K11] Bunker S. 25
- 🍺72 [K11] Punch & Judy S. 25
- 🍺73 [L11] Opera Tavern S. 24
- 🍺74 [J10] Argyll Arms S. 24
- 🍺75 [K12] Red Lion S. 25
- 🍺76 [K11] Silver Cross S. 25
- 🍺77 [K12] Westminster Arms S. 25
- 🍺78 [K12] St. Stephen's Tavern S. 25
- 🍺79 [L9] Lamb S. 25
- 🍺80 [K10] Plough S. 25
- 🍺81 [P11] Dickens Inn S. 26
- 🍺82 [O11] Horniman's S. 26
- 🍺83 [N11] Old Thameside Inn S. 26
- 🍺84 [O11] Lamb Tavern S. 26
- 🍺85 [M10] Bleeding Heart Tavern S. 26
- 🍺86 [M10] Ye Olde Mitre S. 26
- 🍺87 [L11] The George S. 26
- 🍺88 [M10] Printer's Devil S. 26
- 🍺89 [L10] Seven Stars S. 26
- 🍺90 [J12] Red Lion S. 27
- 🍺91 [H13] Admiral Codrington S. 27
- 🍺92 [E12] Churchill Arms S. 27
- 🍺93 [G15] Cross Keys S. 27
- 🍺94 [P9] Royal Oak S. 27

Legende der Karteneinträge

- ○95 [V14] The Spanish Galleon Tavern S. 27
- ○96 [W14] The Trafalgar Tavern S. 27
- ⊕97 [K11] Bar Rumba S. 28
- ⊕98 [K7] EGG S. 28
- ⊕99 [M10] Fabric S. 28
- ⊕100 [J11] Madame Jo Jo's S. 28
- ⊕101 [K10] Mean Fiddler S. 28
- ⊕102 [N13] Ministry of Sound S. 28
- ○103 [K11] Amused Moose S. 28
- ○104 [L11] Chuckle Club in der Three Tuns Bar S. 28
- ○105 [K11] Adelphi Theatre S. 29
- ○106 [L11] National Theatre S. 29
- ○107 [M12] Old Vic S. 29
- ○108 [K11] Palace Theatre S. 29
- ○109 [J11] Piccadilly Theatre S. 29
- ○110 [K11] Prince Edward Theatre S. 29
- ○111 [K11] Prince of Wales Theatre S. 29
- ○112 [K11] Queens' Theatre S. 29
- ○113 [L11] Lyceum Theatre S. 29
- ○114 [K10] Shaftesbury Theatre S. 29
- ○115 [K11] Soho Theatre S. 29
- ○116 [K11] St. Martin's Theatre S. 29
- ○117 [L11] Theatre Royal S. 29
- 🏛118 [L9] Charles Dickens Museum S. 30
- 🏛119 [P12] Design Museum S. 30
- 🏛120 [H14] National Army Museum S. 30
- 🏛121 [O12] Winston Churchill's Britain at War Experience S. 31
- 📷122 [L11] Hayward Gallery S. 32
- ○123 [K11] Coach & Horses S. 47
- ○124 [K11] Lamb and Flag S. 50
- ○125 [K12] Clarence S. 52
- ○126 [K10] Museum Tavern S. 61
- 🏛127 [O12] London Dungeon S. 65
- ○128 [M10] Jerusalem Tavern S. 73
- ○129 [J12] Golden Lion S. 78
- ○130 [I12] Grenadier S. 81
- ⊕131 [H13] Oriel Grande Brasserie de la Place S. 83
- ○132 [P10] The Ten Bells S. 85
- ○133 [V14] Gipsy Moth S. 88
- ❶134 [K11] Britain and London Visitor Centre S. 97
- ❶135 [K11] London Information Centre S. 97
- @136 [J13] Easy Internet Café S. 98
- @137 [E12] Easy Internet Café S. 98
- @138 [K10] Easy Internet Café S. 98
- @139 [J11] Easy Internet Café S. 98
- ✚140 [O12] Guy's Hospital S. 100
- ✚141 [Q10] Royal London Hospital S. 100
- ✚142 [L12] St. Thomas Hospital S. 100
- 🏨143 [K10] Arosfa S. 107
- 🏨144 [E11] Garden Court Hotel S. 107
- 🏨145 [G6] Hampstead Village Guesthouse S. 108
- 🏨146 [K9] Montana Excel Hotel S. 108
- 🏨147 [K9] Montana Hotel S. 108
- 🏨148 [I13] Morgan House S. 108
- 🏨149 [L12] Premier Travel Inn London County Hall S. 108
- 🏨151 [H10] 22 York Street S. 108
- 🏨152 [G13] Aster House S. 108
- 🏨153 [F14] Hotel 167 S. 108
- 🏨154 [M11] Mad Hatter S. 108
- 🏨155 [N11] Southwark Rose S. 108
- 🏨156 [E12] Vicarage Hotel S. 109
- 🏨157 [M9] Zetter Restaurants & Rooms S. 109
- 🏨158 [H13] Cadogan S. 109
- 🏨159 [K11] Hazlitt's S. 109
- 🏨160 [I11] The Dorchester S. 109
- 🛏161 [E14] Earl's Court S. 109
- 🛏162 [D12] Holland Park S. 109
- 🛏163 [J10] London Central S. 110
- 🛏164 [S12] London Thameside S. 110
- 🛏165 [J10] Oxford Street S. 110
- 🛏166 [K9] St. Pancras, 79 S. 110
- 🛏167 [N11] St. Paul's Youth Hostel S. 110
- 🛏168 [L9] Ashlee House S. 110
- 🛏169 [F13] Astor Kensington Hostel S. 110
- 🛏170 [K10] Astor Museum Inn Hostel S. 110
- 🛏171 [F11] Astor Quest Hostel S. 110
- 🛏172 [J14] Astor Victoria Hostel S. 110
- 🛏173 [F11] Backpackers Hostel London S. 110

ZEICHENERKLÄRUNG

⓫	Hauptsehenswürdigkeit, fortlaufend nummeriert	★	Sehenswürdigkeit
[L6]	Verweis auf Planquadrat im Cityatlas	✡	Synagoge
		◯	Theater, Zirkus
		⊖	Underground-Station (U-Bahn)
🅑	Bibliothek	𝓞	vegetarisches Restaurant
♀	Botanischer Garten		
👤	Denkmal		
◐	Fischrestaurant		
🔒	Geschäft, Kaufhaus, Markt		
🏠	Hotel, Unterkunft		
❶	Informationsstelle		
@	Internetcafé		
🏠	Jugendherberge, Hostel		
⛪	Kirche		
◉	Kneipe, Pub		
✚	Krankenhaus		
☪	Moschee		
🏛	Museum		
♫	Musikszene, Disco		
🅿	Parkplatz, -haus		
✪	Polizei		
📮	Postamt		
🚉	Railway-Station		
🍴	Restaurant		

HOTEL-PREISKATEGORIEN

Doppelzimmer mit Dusche und WC pro Nacht

£	unter 120 £
££	100–150 £
£££	150–230 £
££££	über 230 £

BEWERTUNG DER SEHENSWÜRDIGKEITEN

★★★ auf keinen Fall verpassen
★★ besonders sehenswert
★ Sehenswürdigkeit für speziell interessierte Besucher

🏠174 [K9] Generator S. 110
🏠176 [A2] London Backpackers Hostel S. 110
🏠177 [J11] Piccadilly Backpackers Hostel S. 110
🔒180 [I10] Daunt Books S. 16
🔒181 [I12] G. Heywood Hill London S. 16
🔒182 [H13] John Sandoe,10 S. 16
🔒183 [K11] Stanford's S. 16

Hier nicht aufgeführte Nummern liegen außerhalb der abgebildeten Karten. Ihre Lage kann aber wie bei allen im Buch vorkommenden Ortsmarken mithilfe des Internet-Kartenservice Google Maps™ lokalisiert werden (s. Umschlagklappe).
Die GPS-Daten aller im Buch beschriebenen Örtlichkeiten stehen außerdem auf der Produktseite dieses CityTrip-Titels unter www.reise-know-how.de zum kostenlosen Download bereit.

U-BAHN-PLAN LONDON

Stations

- Chesham
- Chalfont & Latimer
- Watford
- Watford Junction
- Amersham
- Chorleywood
- Croxley
- Watford High Street
- Rickmansworth
- Bushey
- Moor Park
- Carpenders Park
- West Ruislip
- Northwood
- Northwood Hills
- Headstone Lane
- Hatch End
- Hillingdon
- Ruislip
- Pinner
- Harrow & Wealdstone
- Stanmore
- Uxbridge
- Ickenham
- Ruislip Manor
- North Harrow
- Kenton
- Canons Park
- Eastcote
- Harrow-on-the-Hill
- Preston Road
- Queensbury
- Ruislip Gardens
- Rainers Lane
- West Harrow
- Northwick Park
- Kingsbury
- South Ruislip
- South Kenton
- Wembley Park
- Neasden
- Northolt
- South Harrow
- North Wembley
- Wembley Central
- Dollis Hill
- Sudbury Hill
- Stonebridge Park
- Harlesden
- Brondesbury Park
- Greenford
- Sudbury Town
- Willesden Junction
- Kensal Rise
- Brondesbury
- Alperton
- Kensal Green
- Kilburn High Road
- Queen's Park
- Maida Vale
- Perivale
- Kilburn Park
- Warwick Avenue
- Paddington
- Royal Oak
- Hanger Lane
- Westbourne Park
- Paddington
- Ladbroke Grove
- Bayswater
- Park Royal
- Latimer Road
- North Ealing
- West Acton
- North Acton
- White City
- Holland Park
- Ealing Broadway
- East Acton
- Wood Lane
- Shepherd's Bush
- High Street Kensington
- Ealing Common
- Acton Central
- Shepherd's Bush Market
- Kensington (Olympia)
- South Acton
- Goldhawk Road
- Barons Court
- Acton Town
- Hammersmith
- West Kensington
- Earl's Court
- South Ealing
- Northfields
- Chiswick Park
- Turnham Green
- Stamford Brook
- Ravenscourt Park
- West Brompton
- Fulham Broadway
- Boston Manor
- Osterley
- Hounslow Central
- Hounslow East
- Gunnersbury
- Parsons Green
- Hatton Cross
- Hounslow West
- Kew Gardens
- Putney Bridge
- Terminals 1, 2, 3
- Terminal 4
- Richmond
- East Putney
- Terminal 5
- Flughafen Heathrow
- Southfields
- Wimbledon Park
- Wimbledon

Themse

Legende

Bakerloo	
Central	
Eingeschränkter Dienst	
Circle	
District	
Hammersmith & City	
Jubilee	
Metropolitan	
Eingeschränkter Dienst	
Northern	
Eingeschränkter Dienst	
Piccadilly	
Victoria	
Waterloo & City	
London Overground	
DLR	
Ersatzbusse	
Haltestellen mehrerer Linien	
Übergang	
Barrierefreier Zugang	

© REISE KNOW-HOW 2011